KB210620

카이로스 2 : 하나님의 타이밍

보이지 않는 영적 세계의 원리

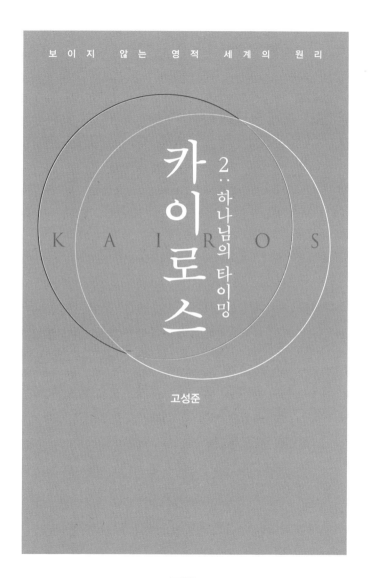

카이로스

2 : 하나님의 타이밍

KAIROS

고성준

규장

다윗의 시간을 축적하라
골리앗의 시간이 올 것이다!

하나님은 보이는 세계와 보이지 않는 세계를 창조하셨다. 그리고 인간은 이 두 세계 모두에 속한 유일한 존재다. 당신은 보이는 세계뿐만 아니라 보이지 않는 세계 속에서도 살아가는 존재다. 보이는 세계와 마찬가지로 보이지 않는 세계에도 원리가 있다. 보이지 않는 세계의 현상을 마주할 때 흔히 우리는 '초자연적'이란 말을 사용하는데, 사실 이것은 보이지 않는 세계의 원리 속에서 일어나는 일일 뿐, 원리를 초월한 일은 아니다. 그렇기 때문에 보이지 않는 세계의 원리를 이해하고 그 원리를 따라 산다면, 우리는 이 땅의 원리를 초월한 특별한 삶을 살 수 있다.

이것이 카이로스 시공간 속에서 일어나는 일이다.

매일의 일상이 카이로스가 될 수는 없을까?

카이로스 시공간의 역사를 경험할 수 있게 하는 열쇠는 '믿음'이다. 믿음으로 보이지 않는 세계 속으로 들어가라. 그 카이로스의 시공간 속에서 당신은 태양을 멈추고 바다를 가를 것이다. 카이로스의 시공간 속에서 당신은 하늘의 불을 이 땅에 가져오고, 구름 기둥의 인도를 받을 것이다. 자욱한 구름 가운데 영광스러운 보좌를 대면하며, 그분의 말할 수 없는 사랑과 위로를 느낄 것이다.

하늘로 들어가라. 카이로스의 시공간 속으로. 아니, 카이로스의 시공간으로 들어가는 것이 아니라 카이로스의 시공간을 당신의 삶 속으로 끌어당겨라. 어쩌다 한 번 말고 매일! 그렇다. 당신은 매일의 삶 속에서 카이로스의 시공간을 살아갈 수 있다. '보이지 않는 영적 세계의 원리'에 대한 두 번째 책 《카이로스 : 하나님의 타이밍》을 쓰게 된 이유가 바로 이것이다. 이 책의 목적은 매일의 일상에서 카이로스의 시공간을 살아가도록 돕는 것이다.

인생을 살다 보면 특별한 순간들이 있다. 갈멜산에 불이 떨어지는 순간, 골리앗이 쓰러지는 순간, 홍해가 갈라지는 순간,

태양이 기브온 위에 멈추는 순간을 떠올려보자. 이때는 카이로스의 시공간이 열리는 순간들이다. 그러나 매일 하늘에서 불이 떨어지고 홍해가 갈라지는 것은 아니다. 홍해가 갈라지는 카이로스의 순간, 하늘에서 불이 떨어지는 카이로스의 순간, 그 사이에 우리는 어떻게 살아야 할까?

다윗의 시간, 축적된 시간
다윗에게 골리앗 사건이란 아무 과정 없이 갑자기 일어난 사건이 아니다. 골리앗 앞에 나갈 때 다윗은 이렇게 고백한다.

[삼상 17:34-36] 다윗이 사울에게 말하되 주의 종이 아버지의 양을 지킬 때에 사자나 곰이 와서 양 떼에서 새끼를 물어가면 내가 따라가서 그것을 치고 그 입에서 새끼를 건져내었고 그것이 일어나 나를 해하고자 하면 내가 그 수염을 잡고 그것을 쳐 죽였나이다 주의 종이 사자와 곰도 쳤은즉 살아 계시는 하나님의 군대를 모욕한 이 할례 받지 않은 블레셋 사람이리이까 그가 그 짐승의 하나와 같이 되리이다

다윗에게는 '축적된 시간들'이 있었다. 양을 지키기 위해 사자와 곰과 싸웠던 시간들이다. 어쩌면 지루할 수도 있고 특별한 의미 없이 보일 수도 있는 시간들이다. 하나님의 역사가 펼쳐지는 카이로스의 시간은 어느 날 갑자기 돌발적으로 일어나는 것이 아니다. 카이로스의 시간은 매일 일상의 삶 속에 축적된 '다윗의 시간들', 하나님 앞에서 보낸 '경건의 시간들' 위에 임한다.

오늘 당신은 어떤 하루를 보냈는가? 어떻게 하나님과 동행했는가? 코로나바이러스감염증(COVID-19, 이하 코로나19)으로 함께 모일 수 없는 요즘, 당신은 하루하루를 어떻게 보내고 있는가? 하나님 앞에서 어떤 시간들을 보내고 있는가? 사자와 곰을 때려잡는 다윗의 시간들을 보내고 있는가? 아니면 그냥 축 늘어져서, 혹은 세상에 휘둘린 채 영과 상관없는 일상을 보내고 있는가?

기억하라. 카이로스의 순간은 돌발적으로 임하지 않는다. 매일의 일상에서 사자와 곰을 때려잡는 '다윗의 시간들'이 축적되었을 때, 비로소 골리앗을 때려잡는 카이로스의 시간이 열린다.

골리앗의 시간이 온다!

한편 다윗의 축적된 시간들이 있어야 하는 것처럼, 그것이 표현되는 '골리앗의 시간'도 있어야 한다. 죽을 때까지 별다른 믿음의 도전이나 표현 없이, 어제나 오늘이나 똑같은 일상을 살아야 하겠는가? 아니다. 영적인 여정은 결코 그렇게 이루어지지 않는다. 하루하루 다윗의 시간들을 보내고 있다면, 반드시 특별한 순간이 온다. 하나님 앞에서 보낸 다윗의 시간들을 증명하고 보여드릴 순간, 그 골리앗의 시간이 온다!

올림픽에 출전하는 선수들은 아무도 알아주지 않아도 매일 매일 땀을 흘리며 눈물의 시간을 보낸다. 매일 같은 시간에 일어나 같은 시간에 밥을 먹고, 같은 무게의 역기를 들어 올린다. 하지만 그런다고 아무도 박수쳐주지 않는다. 그런데 왜 그런 시간을 보내고 있을까? 특별한 순간이 다가오기 때문이다. 많은 사람들 앞에서 내가 보낸 '다윗의 시간들'이 어떤 것이었는지를 보여주고 증명하는 순간! 전 세계에서 모인 수많은 '골리앗들'과 겨루어 이기는 시간이 다가온다. 성경은 우리의 믿음의 여정이 마치 이와 같다고 이야기한다.

[고전 9:24,25] 운동장에서 달음질하는 자들이 다 달릴지라도 오직 상을 받는 사람은 한 사람인 줄을 너희가 알지 못하느냐 너희도 상을 받도록 이와 같이 달음질하라 이기기를 다투는 자마다 모든 일에 절제하나니 그들은 썩을 승리자의 관을 얻고자 하되 우리는 썩지 아니할 것을 얻고자 하노라

이것이 우리가 매일 다윗의 시간을 보내야 하는 이유이다. 하나님 앞에서 하나님을 향한 우리의 사랑과 마음을 보여드리는 순간, '골리앗의 시간'이 반드시 있기 때문이다. 매일 충실하게 다윗의 시간을 보낸 사람에게는 이 골리앗의 시간이 영광의 금메달을 목에 거는 순간이고, 다윗의 시간을 보내지 않은 사람들에게는 사느냐 죽느냐 생존을 위협받는 두려움의 순간이다. 골리앗의 시간은 우리에게 이 두 가지 모습 중에 하나로 반드시 찾아온다. 이 골리앗의 순간에 반드시 성공하라!

골리앗의 시간을 맞이한 우리의 선택

정말 충실히 다윗의 시간을 보내다가도, 결정적인 순간, 골리앗의 시간이 오면 애먼 짓을 하는 사람이 있다. 그 순간에 '탁'

치고 나가면 카이로스의 시공간이 열리는 엄청난 영적 돌파가 일어날 텐데, 이것이 안 된다. 두려움과 소심함 속에 뭉그적거리다가 다가온 기회를 그냥 흘려보낸다. 언제 다시 그런 기회가 찾아올지 모르는데 말이다. 기회가 올 때 반드시 잡으라. 영적인 것은 "침노하는" 것이다. 바울의 표현에 의하면 "이기기를 다투는 것이다." 기회를 잡으라. 놓치지 말라. 하나님의 마음을 사로잡을 기회다! 원래 사랑은 그렇게 표현되고 그렇게 완성되는 것이다.

사람의 사랑도 동일하지 않은가? 오랜 세월 한 사람을 사랑해서 지극정성으로 잘해준다. 그런데 막상 그 사랑을 고백하고 표현해야 하는 순간이 왔을 때 그것을 못하고 뭉그적거리고 지나가면, 어디서 엉뚱한 사람이 나타나 사랑하는 사람을 낚아채버리고 만다. 사람과의 사이에 사랑도 진실한 마음이 있다면 그것을 표현하고 고백해야 하는 순간이 있다. 바로 그 순간이 사랑을 완성한다.

하나님을 향한 사랑도 마찬가지다. 매일의 일상에서 다윗의 시간을 충실히 보냈다면, 골리앗의 시간은 결단과 반응의 시간이다. 긴박한 전쟁과 긴장의 시간이다. 이 골리앗의 시간에 당신은 어떻게 반응할 것인가? 이 시간을 하나님이 기억하시는 시간이 되게 하겠는가? 아니면 그저 생존을 위해 흘려보내겠는가?

어쩌면 한국 교회는 지금 단체로 '골리앗의 시간'을 맞이하고 있는지도 모르겠다. 무엇을 선택할 것인가? 이 선택으로 우리의 미래가 달라질 것이다. 하나님이 기억하시는 사람이 될지, 아니면 그냥 흘러가는 인생이 될지. 자, 다윗의 시간을 시작해보자. 그 시간은 얼핏 지루해 보이지만, 그 평범함을 과소평가하지 말라. 그 시간이 골리앗을 때려잡게 해줄 테니까.

영의 원리를 따라 사는 삶의 복

고린도전서는 '영적 원리들'에 대한 책이다. 예수를 믿은 이후에도 육적이고 혼적인 삶을 살고 있던 고린도교회 성도들에게 영적인 삶을 살도록 도전한 편지다.

영적인 원리를 이해하는 것이 중요한 이유는, 영적인 원리를 따라 살면 우리의 영이 강해지고, 육적인 원리를 따라 살면 우리의 육이 강해지기 때문이다. 사람은 영, 혼, 육으로 이루어져 있다. 그리고 하나님께서는 이 가운데 육은 혼에게, 혼은 영에게 복종하도록 하는 질서를 두셨다. 그러나 타락으로 인해 모든 질서가 깨어졌다. 하나님께 복종해야 할 인간이 이 질서를 파괴함으로, 인간 안에 질서들도 파괴된 것이다. 이제 육은 본능에 의해 삶을 지배하려 하고, 혼은 인간의 꾀와 노력으로 삶을 통제하려 한다. 그러나 하나님이 창조하신 복된 질서는 영이 삶을 지배하고 통제하는 '영적인 삶'이다.

영적인 삶을 살기 위해서는 영이 강해져야 한다. 육을 많이 사용하면 육이 강해지고, 혼을 많이 사용하면 혼이 강해지며, 영을 많이 사용하면 영이 강해진다. 영적인 원리를 이해하고 살아가는 것이 중요한 이유다. 영적 원리를 따라 살면 우리의 영이 강해지고, 그 결과 영이 다스리는 영적인 삶을 살게 된다. 그러나 영적 원리를 거슬러 살면 영은 약해지고 그 자리를 혼과 육이 대체한다. 우리가 영적인 원리들을 살펴보고 순종할 때, 우리의 영은 더욱 충만하고 강해져서 창조의 원리대로 살아가게 될 것이다.

이 책은 《카이로스 : 하나님의 시공간》의 후속편이다. 가능하면 전편을 먼저 읽고 이 책을 읽기를 권한다. 전편에서 이미 영적 세계의 기본 원리 열두 가지를 다루었기 때문이다. 그러나 이 책을 먼저 읽어도 무방하도록 최선을 다했다. 자, 영의 원리를 따라 매일매일 '다윗의 시간'을 살아보자. 골리앗을 때려잡을 그날을 기대하며!

고성준

CONTENTS

프롤로그

PART 1 영적인 삶에는 능력이 있다

원리 13　영은 결코 말씀을 넘어가지 않는다　　　　　　018

원리 14　영적인 사람은 충성된 사람이다　　　　　　　023

원리 15　영은 사람이 아니라 하나님을 신경쓴다　　　　031

원리 16　영은 격려하고 칭찬한다　　　　　　　　　　037

원리 17　영은 겸손하고 배고프며 약하고 비천하다　　　043

원리 18　영은 도리어 축복하고 참고 권면한다　　　　　049

원리 19　혼은 가르치려 하고 영은 낳는다　　　　　　　053

원리 20　영은 말이 아니라 능력에 있다　　　　　　　　059

PART 2 영을 움직이는 것은 마음이다

원리 21 영은 반드시 공동체를 만든다   066

원리 22 영적 신선함을 지키라   074

원리 23 순전함과 진실함은 영을 활성화시킨다   081

원리 24 영과 육의 관계   089

원리 25 믿음은 보이지 않는 것을 보이는 것처럼 반응한다   104

원리 26 마음은 영을 움직이는 컨트롤 타워다   119

PART 3 다윗의 시간은 곧 영성이 된다

원리 27 영적인 것은 하나님이 나를 알아주시는 것이다   140

원리 28 심고 거두는 원리   156

원리 29 십자가의 영적 원리   170

원리 30 영은 사역의 결과나 영적 체험과 다를 수 있다   181

원리 31 어려움 앞에서의 반응이 영성을 결정한다   186

원리 32 전통에 대한 영적 원리   199

원리 33 성만찬에 대한 올바른 이해와 믿음   210

에필로그

KAIROS

PART

1

영적인 삶에는
능력이 있다

영은 결코
말씀을 넘어가지 않는다

고전 4:6

열세 번째 영적인 원리는 영은 결코 말씀을 넘어가지 않는다는 것이다.

> [고전 4:6] 형제들아 내가 너희를 위하여 이 일에 나와 아볼로를 들어서 본을 보였으니 이는 너희로 하여금 기록된 말씀 밖으로 넘어가지 말라 한 것을 우리에게서 배워 서로 대적하여 교만한 마음을 가지지 말게 하려 함이라

1. 영은 철저히 성경 안에서 움직인다

영은 뜬금없고 추상적인 것이 아니다. 영은 철저하게 '기록된 말씀 - 성경' 안에서 움직인다. 어떻게 보면 영이야말로 원칙주의자다. 보이는 세계의 원리보다 더 철저히 원칙에 따라 움직이는데, 그 원칙이 바로 기록된 말씀 - 성경 안에서 움직이는 것이다. 왜냐하면 하나님은 실언할 수 없는 분이시기 때문이다. 그분은 한 번 말씀하신 것을 절대로 어기거나 벗어나실 수 없다. 그것이 하나님의 속성이다.

영의 근원이신 하나님께서 말씀하신 성경, 영의 기름 부으심이 얼마나 강력한지 그것이 '기록된 말씀'으로 실체화된 성

경, 영은 그 안에서만 움직인다. 기록된 말씀을 넘어가는 것은 하나님의 영이 아니다. 이것은 영을 추구함에 있어 매우 중요한 원리다. 이것이 또한 영적 세계의 원리들을 말씀을 통해서 살펴보는 이유이기도 하다.

영적인 세계를 추구하던 사람들이 이상한 길로 빠져버리는 것은 이 원리를 무시하기 때문이다. 초월적이고 신비하면 무조건 '영'이라고 믿어버린다. 그러나 거룩한 하나님의 영은 절대로 그렇지 않다. 하나님께서는 우리가 영을 추구할 때 빠지기 쉬운 이 위험을 알고 계시기에 명확한 경계를 기록해놓으셨다. 기록된 말씀 밖으로 넘어가지 말라는 것이다. 성경을 넘어가지 말라는 것이다. 이 원리를 지킬 때 우리는 안전하게 '영으로 사는 삶'을 추구할 수 있다. 그러나 이 원리를 무시하고 선을 넘으면 우리는 커다란 위험에 빠지게 된다.

2. 우리가 말씀을 읽을 때 일어나는 일들

또한 말씀은 단순히 '경계'를 정해주는 것 이상의 능력이 있다.

> [히 4:12] 하나님의 말씀은 살아 있고 활력이 있어 좌우에 날선 어떤 검보다도 예리하여 혼과 영과 및 관절과 골수를 찔러 쪼개기까지 하며 또 마음의 생각과 뜻을 판단하나니

말씀 자체가 살아 있고, 활력 - 운동력이 있다. 단순히 경계를 정해주는 참고서가 아니라 그 자체로 무엇인가를 행하는 생명력이 있다. 어떤 검보다도 예리하여 혼과 영과 관절과 골수를 찔러 쪼갠다. 우리의 마음과 생각과 뜻에 간섭하고 역사한다. 혼의 생각과 영의 생각을 찔러 쪼갠다는 것이다. 찔러 쪼개서 우리의 마음과 생각과 뜻이 순수하게 영을 따라가도록 한다. 언제? 말씀을 읽을 때!

우리 마음에는 '혼의 생각'과 '영의 생각'이 혼재되어 있다. 두려움에 사로잡히다가 믿음이 올라오기도 하고, 거룩함 속에 거하다가 갑자기 죄의 유혹을 받기도 한다. 용서하는 듯하다가 원망이 올라오기도 하고, 평강한 듯하다가 불안이 엄습하기도 한다. 그런데 이 혼재하는 생각들이 언제 쪼개지는가? 말씀 앞에서 쪼개진다.

말씀을 읽을 때 우리 생각이 순수해진다. 두려움과 함께 있던 믿음이 '오롯한 믿음'으로 정화된다. 언제? 말씀을 읽을 때! 불안과 혼재되어 있던 평안이 '순수한 평안'으로 정화된다. 언제? 말씀을 읽을 때! 말씀을 읽을 때 우리의 마음과 생각과 뜻이 오롯이 영을 따라 움직이게 된다. 영적인 삶을 살기 원하는가? 그렇다면 말씀의 사람이 되라. 하나님의 말씀이야말로 살아 역사하는 '영'이다. 말씀을 읽을 때 그 말씀이 우리의 영을 강하게 할 것이다. 말씀은 우리 영의 양식이다!

당신은 말씀을 얼마나 사랑하십니까? 영적인 배고픔 때문에 하루도 말씀을 거르지 못하는 갈망이 있습니까? 영적인 것은 말씀을 사랑하고 가까이하는 것입니다. 하나님의 말씀이 곧 영이십니다. 그 말씀이 우리의 영을 살아나게 하고, 그 말씀이 혼의 생각을 드러나게 하며, 그 말씀이 육을 영에게 복종케 합니다. 오늘도 말씀을 묵상하셨습니까? 매일 말씀을 묵상하는 습관을 들이십시오. 매년 말씀을 연구하고 통독할 계획을 세우십시오. 말씀이 당신의 삶을 영으로 인도할 것입니다.

영적인 사람은
충성된 사람이다

고전 4:1,2

영의 중요한 속성 중 하나는 '충성됨 - 한결같음'이다. 그래서 충성되게 사는 사람들은 영이 강해진다. 고린도전서 4장 1절은 우리가 하나님의 비밀, 곧 영적인 세계의 비밀을 맡은 자들이라고 이야기한다.

[고전 4:1] 사람이 마땅히 우리를 그리스도의 일꾼이요 하나님의 비밀을 맡은 자로 여길지어다

우리는 보이는 크로노스의 시공간만이 아니라 카이로스의 시공간을 살아가는 사람들이다. 그 비밀을 아는 사람들이다. 그런데 그 비밀을 단순히 아는 것이 아니라 그 비밀을 '맡은 자'다. 맡은 자란 '오이코노모스'(οἰκονόμος)로 "관리하는 자"라는 뜻이다. 우리는 그 '비밀'을 관리하는 자, 곧 비밀을 열기도 하고 닫기도 할 수 있는 자, 그 비밀을 사용할 수 있는 자다. 우리는 하늘을 이 땅에 가져오는 '문'이다.

[고전 4:2] 그리고 맡은 자들에게 구할 것은 충성이니라

그런데 '맡은 자들'에게 요구되는 것이 무엇인가? 그것은 충성이다. '충성'과 '믿음'은 헬라어 '피스티스'(πίστις)로 같은 단어다. 믿음이 카이로스의 시공간을 여는 열쇠라고 했다. 그런데 그 믿음이 충성과 같은 뜻이라는 것이다.

1. 믿음은 꾸준함이다

믿음은 한순간에 발휘되는 순간적인 것이기도 하지만, 오랜 시간 변하지 않고 꾸준히 그 자리를 지키는 '태도'이기도 하다. 충성된 태도로 하나님이 두신 자리를 지키고, 하나님이 주신 마음을 지키는 것이 비밀을 맡은 자에게 요구되는 자질이다. 그 충성됨을 통해 비밀을 관리할 수 있기 때문이다. 다시 말해 충성됨을 통해 하늘의 문이 열린다는 것이다.

하늘의 문은 한 번의 큰 믿음으로 열리기보다 한결같은 마음으로 믿음의 자리를 충성되게 지키는 그 태도를 통해 열린다. 보이는 것이 아무것도 없어도 충성되게, 들리는 것이 아무것도 없어도 충성되게, 매일 한결같이 마음과 자리를 지키는 충성됨이 필요하다. 이 충성됨의 때가 찼을 때 하늘이 열린다. 기억하라. 믿음은 한 번의 로또가 아니다. 믿음은 꾸준한 충성됨이다. 믿음은 태도다. 영적인 사람은 충성된 사람이다.

2. 혼적인 사람은 바람에 나는 겨와 같다

반면 혼적이고 육적인 사람은 꾸준함이 없다. 한결같음이 없다. 시편은 이렇게 이야기한다.

> [시 1:4] 악인들은 그렇지 아니함이여 오직 바람에 나는 겨와 같도다

혼적인 사람은 바람에 나는 겨와 같다. 바람이 이리 불면 이리 날아가고, 바람이 저리 불면 저리 날아간다. 종잡을 수가 없다. 기회를 보기 때문에 그렇다. 인생 전부를 쏟아부을 것처럼 하다가도 금방 무슨 일이 일어나지 않으면 시큰둥하다. 다른 곳에 뭐 없나 하고 이리 기웃 저리 기웃한다. 그러다 뭔가 좋아 보이는 것을 발견하면 간도 쓸개도 다 내줄 듯이 열정적으로 반응하다가, 시간이 흐르면 또 다른 곳을 기웃거린다. 육적인 사람은 기회나 상황을 찾는다. 그러나 영적인 사람은 기회나 상황을 보지 않는다. 영적인 사람은 '관계'를 본다. 충성되다는 것은 관계에 대한 이야기다.

3. 영적인 사람은 한결같다

영적인 사람은 돌아가는 상황에 따라 이리저리 움직이지 않는다. 하나님이 "있으라" 하셨으면 상황이 어떻게 돌아가든지

거기 머물고, 하나님이 "가라" 하셨으면 그냥 간다. 이것이 충성이며 영적인 것이다. 육은 바람에 나는 겨와 같지만, 영은 물가에 심긴 나무와 같다. 언제나 그 자리에 있다. 당신이 얼마나 영적인 삶을 살고 있는지 판가름해보려면, 얼마나 한결같은 삶을 살고 있는지 보면 된다. 사람 앞에서, 그리고 하나님 앞에서 말이다. 하나님께서 하신 말씀이라면, 보이는 것이 없고 들리는 것이 없어도, 하늘이 닫힌 것처럼 느껴져도, 여전히 한결같은 마음으로 그 자리를 지키는 것, 이것이 영적인 것이다.

충성으로 머무른 선교지

내가 만난 가장 영적인 분 중에 한 분은 1977년에 남편과 세 딸과 함께 이집트 선교사로 들어가신, 중동 1호 대한민국 여자 선교사님이다. 공항에 마중 나올 사람도 없고, 집을 구하거나 정착을 도와줄 사람도 없던 그때, 선교사님은 오직 믿음으로 하나님이 보내신 곳에 들어가셨다. 단지 믿음이었다. 그러나 진짜 믿음은 그 후에 나타난다. 이집트 선교를 시작한 지 2년 만에 자궁 외 임신으로 촌각을 다투는 큰 수술을 받기 위해 선교사님은 남편과 함께 한국에 나오셨다. 생각보다 큰 수술로 회복 기간이 길어지자 선교지를 오래 비울 수 없던 남편 선교사님은 아내와 가족들을 한국에 두고 먼저 이집트로 돌아가셨다.

몸이 회복되어 다시 이집트로 돌아갈 날을 기다리고 있던 어느 날, 외교부에서 편지가 왔으니 받아가라는 연락을 받았다. 남편의 편지라 여기고 기쁜 마음으로 외교부를 찾아갔지만, 청천벽력 같은 남편의 사망 소식이 기다리고 있었다. 어쩌다가 왜 돌아가셨는지 아무도 정확히 모른다. 이집트 교회의 말씀 집회를 섬기기 위해 가던 중 사막에서 사망하였다는 것이다. 남편의 죽음을 수습하기 위해 이집트로 돌아갔을 때, 선교사님을 기다린 것은 재회를 기뻐하는 남편의 환한 미소가 아니라 무덤과 비석뿐이었다. 이에 선교사님은 하염없이 울며 기도했다.

"주님, 제가 어떻게 해야 합니까? 저를 향한 주님의 뜻은 무엇입니까?"

마음속에서 성령의 음성이 들렸다.

"네 남편은 이집트의 영혼과 중동의 영혼을 사랑했다."

"주님, 저도 이집트의 영혼을 사랑합니다."

"그렇다면 남편의 뒤를 이어 이집트에서 계속 사역해야 하지 않겠느냐?"

"주님, 남편이 가진 언어의 능력이나 지혜는 없지만, 주님이 주시는 힘과 능력을 의지하여 다시 이집트로 가겠습니다!"

남편의 무덤 앞에서 다짐하였다.

"당신의 몫까지 내가 다 감당하겠습니다!"

그러나 아랍에서 여성 혼자 산다는 것은 말로 다 표현할 수 없이 힘들고 위험한 일이다. 한국으로 돌아가야겠다는 생각이 왜 없었겠는가? 그러나 하나님이 우리를 여기에 두셨는데, 남편이 없다고 해서 하나님이 보내신 곳을 떠날 수 없다는 마음, 이 충성됨으로 한 해 두 해 홀로 이집트에 머무셨고, 그것이 어느덧 42년이 되었다!

충성, 이것이 진짜 믿음이며 이것이 영적인 것이다. 믿음은 충성된 태도다. 하나님께서 두신 곳에 한결같이 머무는 것이다. 믿음으로 발을 떼서 이집트에 처음 들어간 것도 믿음이었지만, 진짜 하늘을 여는 믿음은 42년을 흔들리지 않고 하나님이 두신 그곳에 머문 그 충성이다. 비가 오나 눈이 오나 심지어 남편이 세상을 떠나도, 한결같이 하나님이 두신 곳에 머무는 태도. 이것이 진짜 하늘을 여는 믿음이다. 실제로 선교사님이 가신 곳에서 무수한 하늘의 문이 열렸다(《광야에 길을 내며》 김신숙, BookCT).

•downloads from heaven

하늘의 문을 여는 것은 하나님을 향한 한결같은 태도입니다. 오늘 하루도 하나님이 두신 곳에 머무셨습니까? 당신이 지금 머무는 곳은 하나님이 두신 곳입니까? 그렇다면 흔들리지 마십시오.

다른 곳을 쳐다보지 마시고 부러워하지도 마십시오. 상황이 어려워진다고 도망치지도 마십시오. 사람들이 박수쳐주지 않는다고 다른 곳을 기웃거리지도 마십시오. 하나님이 두신 그곳에 머무는 것, 그것이 곧 충성이고, 그 충성이 하늘의 문을 엽니다.

영은 사람이 아니라
하나님을 신경쓴다

고전 4:3-5

1. 육은 사람을 인식하고 영은 하나님을 인식한다

육적인 사람은 다른 사람들의 판단을 신경쓴다. 그러나 영적인 사람은 사람들의 판단에 신경쓰지 않는다. 심지어 자기 자신의 판단도 그다지 중요하게 여기지 않는다. 판단하시는 분은 오직 한 분, 하나님이시라는 믿음이 있기 때문이다.

육의 특징은 사람을 의식하는 반면, 영의 특징은 하나님을 의식하는 것이다. 육은 보이는 세상을 인식하고 영은 보이지 않는 세상을 인식하기 때문이다. 육은 보이는 사람을 의식하기에 사람을 기쁘게 하려 하고, 영은 보이지 않는 하나님을 의식하기에 하나님을 기쁘시게 하려 한다.

[살전 2:4] 오직 하나님께 옳게 여기심을 입어 복음을 위탁 받았으니 우리가 이와 같이 말함은 사람을 기쁘게 하려 함이 아니요 오직 우리 마음을 감찰하시는 하나님을 기쁘시게 하려 함이라

2. 육으로 사는 인생은 피곤하다

육으로 사는 인생은 그래서 피곤하다. 사람들의 판단을 다 신

경쓰니 얼마나 피곤하겠는가? 사람들의 판단에는 일관된 기준이 없다. 이렇게 하면 이 사람이 뭐라 하고, 저렇게 하면 저 사람이 뭐라 한다. 도대체 어느 장단에 맞추어야 할까? 피곤하다. 더군다나 스스로에 대해 판단하고 자책하기 시작하면, 이건 더 피곤하다.

영은 사람의 판단을 신경쓰지 않는다. 나 자신을 포함해서 어떤 사람의 판단에도 마음을 쓰지 않는다. 4절 말씀 때문이다.

[고전 4:4] 내가 자책할 아무것도 깨닫지 못하나 이로 말미암아 의롭다 함을 얻지 못하노라 …

어차피 사람의 판단으로 '의롭다 함'을 입을 것이 아니기 때문이다. 사람이 "당신은 의인이요!"라고 해준다고 의롭게 되는 것이 아니요, 사람이 아무리 "그 길이 옳은 길이요!"라고 해도 그것이 옳은 길이 아니다. 그렇다면?

[고전 4:4] … 다만 나를 심판하실 이는 주시니라

다만 나를 판단하고 심판하실 분은 하나님 한 분뿐이시다. 하나님이 "의롭다"고 해야 의로운 것이고, 하나님이 "옳다" 해야 옳은 것이지 사람이 의롭다, 옳다고 해봐야 아무런 소용이 없다. 보이는 세상에서는 소용이 있을지 모르지만, 우리가 영원한 시간을 보내게 될 보이지 않는 세상, 하나님의 나라에서 사람들이 인정해준 의로움이 무슨 소용이 있겠는가? 아무 소용도 없다. 사람들의 정죄 역시 아무 의미가 없다. 하나님이 계신 그곳, 하나님의 의지가 펼쳐지는 카이로스의 시공간에서는 오직 하나님의 판단만이 의미를 갖는다. 그래서 이 땅에서 우리가 사람들의 판단에 의해 어떤 고난을 겪든, 아니면 반대로 사람들의 판단에 의해 어떤 인정을 받든 그것은 그저 이 땅의 일일 뿐이다.

카이로스의 시공간에서는 오직 하나님의 판단, 하나님의 심판만이 역사한다. 그래서 육으로 사는 사람은 피곤하지만, 영으로 사는 사람은 피곤하지 않다. 한 분의 눈치만 보면 되기 때문이다! 그리고 그분의 기준은 단순하고 명료하다. 특별히 목회자는 '육으로' 목회해서는 안 된다. 사람들 한 사람 한 사람의 눈치를 보고 그 비위를 맞추려 하면 스트레스만 커질 뿐이다. 목회자는 오직 한 분, 하나님 눈치만 보는 사람이어야 한다. '누가 뭐라고 해도 나는 하나님 눈치만 봐!' 이런 마음이 있어야 한다.

3. 영적인 사람에게는 기다림의 영성이 있다

[고전 4:5] 그러므로 때가 이르기 전 곧 주께서 오시기까지 아무것도 판단하지 말라 그가 어둠에 감추인 것들을 드러내고 마음의 뜻을 나타내시리니 그 때에 각 사람에게 하나님으로부터 칭찬이 있으리라

그러므로 주께서 하실 때까지 아무것도 판단하지 말라. 사람에 대해서도, 스스로에 대해서도 하나님께서 드러내시고 정리하실 때까지 기다리라. 그가 어둠에 감추인 것들을 드러내시고 마음의 뜻을 나타내실 것이다. 반드시 그렇게 하실 것이다.

그렇기에 영적인 사람은 성급히 스스로 판단하거나 정죄하지 않는다. 주께서 모든 것을 명백하게 드러내시고 정리하실 때까지 기다린다. 내가 틀렸을 수도 있기 때문이다. 섣불리 "아, 그거 아니고요", "당신이 틀렸고요"라고 하지 않는다. 이것은 육적인 사람이 하는 일이다. 반대로 사람들이 나를 비난할 때, '어? 내가 틀렸나?' 또는 '에이, 내가 옳은데!' 이러지도 않는다. 내가 틀릴 수도 있고, 반대로 사람들이 틀렸을 수도 있다. 그러니 아무것도 판단하지 않는 것이다. 언젠가 반드시 주께서 드러내고 나타내실 것이기 때문이다.

그래서 영적인 사람에게는 '기다림의 영성'이 있다. 오래 참

는 것은 영적인 것이다. 반면 서두르는 것은 육적인 것이다. 성령의 열매에 '인내'는 있어도 빨리 끝내는 것은 없다. '빨리빨리의 민족'인 한국 사람은 이런 영성을 갖기 위해 자아를 부인할 필요가 있다. 다른 사람에 대해서 뿐만 아니라 스스로에 대해서도 마찬가지다. 스스로 판단하고 정죄하고 행동하는 것은 모두 혼의 역사다. 하나님께서 드러내고 나타내실 때까지 스스로에 대해서 판단하거나 정죄하지 말라.

•downloads from heaven

혹시 마음이 급하거나 서두르고 있는 일이 있습니까? 조금만 여유를 가지십시오. 급한 마음, 서두르는 마음은 혼을 움직입니다. 영으로 움직이기 원한다면, 믿음에서 오는 여유가 필요합니다. 하나님이 당신에게 주시는 것이라면 서두르지 않아도 반드시 주십니다. 다른 사람이 가져갈 수 없습니다. 다른 사람이 가져간다면, 그것은 처음부터 당신의 것이 아니었습니다. '주께서 주시는 것만 받겠다'라는 믿음이 있으면 여유를 가질 수 있습니다. 영은 믿음에서 오는 평강이 있을 때 비로소 정상적으로 작동합니다.

영은 격려하고
칭찬한다

고전 4:5

이번 원리는 혼은 정죄하고 판단하지만, 영은 정죄하거나 판단하지 않는다는 것이다. 오히려 영은 격려하고 칭찬한다.

1. 혼은 끊임없이 판단하고 정죄한다

> [고전 4:5] 그러므로 때가 이르기 전 곧 주께서 오시기까지 아무 것도 판단하지 말라 그가 어둠에 감추인 것들을 드러내고 마음의 뜻을 나타내시리니 그 때에 각 사람에게 하나님으로부터 칭찬이 있으리라

육의 특징은 끊임없이 판단하고, 그 판단을 기초로 정죄하는 것이다. 판단에 의해 '기준'이 생긴다. '적어도 이 정도는 되어야지', '적어도 이 정도는 해야지' 하는 판단은 기준을 만들고, 이 기준을 타인과 자신에게 요구한다. 그리고 이 기준에 미치지 못할 때는 정죄한다. 성경에서는 이것을 '율법'이라고 부른다. 율법은 기준이다. 그 기준을 근거로 정죄하는 것이다. 그런 의미에서 율법은 혼의 열매다. 혼의 열매는 하늘을 움직이지 못한다. 예수께서 율법이 무익하다고 하신 이유다.

바리새인들과 율법학자들의 눈에 예수님은 이상하게 보였다. 간음한 여인을 돌로 치지 않으셨고, 안식일을 어기기도 하셨다. 예수님의 '기준'이 무엇인지 도무지 이해할 수 없었다. 예수님이 '혼'으로 움직이지 않으셨기 때문이다. 그렇다면 예수님의 기준은 무엇이었을까? 그것은 판단에 의한 '정죄'가 아니라, 예수님 안에 있는 '성령의 감동하심'이었다. 예수님은 그분 안에 거하시는 성령의 감동하심을 좇아 움직이셨다. 성령님은 우리 마음에 순수함과 겸손함, 믿음과 갈망 등이 있을 때 반응하시지, 외적인 것에는 반응하지 않으신다.

2. 영은 격려하고 칭찬한다

예수께서는 상대방 마음의 깊은 중심, 영의 상태에 따라 반응하셨다.

> [고전 4:5] … 그가 어둠에 감추인 것들을 드러내고 마음의 뜻을 나타내시리니 …

예수님은 상대방이 가지고 있는 '마음의 뜻 - 영의 상태'에 따라 반응하셨다. 그 마음 깊은 곳에 영의 움직임 - 갈망과 믿음, 겸손과 순수, 회개와 사랑이 있는지, 이 '마음의 뜻'이 예수님 안에 있는 성령을 움직이셨지, 결코 외적인 기준으로 정죄하지 않으셨다. 기억하라. 율법으로는 혼을 움직일 뿐, 영을 움직이지 못한다. 그래서 정죄하고 판단하는 율법은 예수님의 마음을 움직이지 못한다.

반면 '영'은 다르다. 영은 정죄하는 것이 아니라 격려하고 칭찬한다. 기준에 이르지 못해도 긍휼히 여긴다. 실수가 있어도 용납하고 격려한다. '인간의 의'에 의존하지 않기 때문이다. 앞서 살펴본 고린도전서 4장 4절의 내용이다. 영은 인간의 의에 기초하여 판단하거나 반응하지 않는다. 영은 우리 안에 거하시는 완전하신 분, 이미 완전하게 되신 분, 성령님께 기초해서 움직인다. 그래서 정죄하지 않는다. 판단하지 않는다. 그런 의미에서 영의 열매는 '은혜'와 '자유'다. 로마서 8장은 이 영의 열매 - 정죄와 판단이 없는 영의 역사를 이렇게 선포한다.

[롬 8:1,2] 그러므로 이제 그리스도 예수 안에 있는 자에게는 결코 정죄함이 없나니 이는 그리스도 예수 안에 있는 생명의 성령의 법이 죄와 사망의 법에서 너를 해방하였음이라

[롬 8:5,6] 육신을 따르는 자는 육신의 일을, 영을 따르는 자는 영의 일을 생각하나니 육신의 생각은 사망이요 영의 생각은 생명과 평안이니라

[롬 8:33,34] 누가 능히 하나님께서 택하신 자들을 고발하리요 의롭다 하신 이는 하나님이시니 누가 정죄하리요 죽으실 뿐 아니라 다시 살아나신 이는 그리스도 예수시니 그는 하나님 우편에 계신 자요 우리를 위하여 간구하시는 자시니라

[롬 8:38,39] 내가 확신하노니 사망이나 생명이나 천사들이나 권세자들이나 현재 일이나 장래 일이나 능력이나 높음이나 깊음이나 다른 어떤 피조물이라도 우리를 우리 주 그리스도 예수 안에 있는 하나님의 사랑에서 끊을 수 없으리라

[고후 3:17] 주는 영이시니 주의 영이 계신 곳에는 자유가 있느니라

할렐루야! 주의 영이 계신 곳에는 자유와 해방이 있다. 영의 질서는 격려다. 영의 질서는 칭찬이다. 그래서 하나님의 영 안에 있는 사람은 더 이상 정죄하고 고발하고 죽이는 율법의 역사, 육의 역사에 매이지 않는다. 하나님의 완전하신 사랑과 자유, 하나님의 격려와 칭찬 속에 거한다. 그리고 이것이 우리의 영을 더욱 살아나게 한다.

당신은 육체의 법 안에 사는가, 아니면 성령의 법 안에 사는가? 육체의 법, 정죄하는 율법은 우리를 생명으로 인도하지 않

는다. 그 끝은 사망이다. 성령의 법 안에 거하라. 은혜와 자유의 법! 사랑과 격려의 법! 용서와 긍휼의 법! 그 안에 거하라. 그것이 우리의 영을 더욱 살아나게 하며, 우리를 영적인 삶 속으로 인도할 것이다!

[•]downloads from heaven

성령께서는 당신을 격려하십니다. 넘어지셨다고요? 괜찮습니다. 다시 일어나면 됩니다. 또 넘어지셨다고요? 괜찮습니다. 또 일어나면 됩니다. 백 번이나 넘어지셨다고요? 괜찮습니다. 백한 번 일어나시면 됩니다. 이것이 성령의 법입니다! 몇 번을 넘어지든 그보다 한 번만 더 일어나면 됩니다. 성령께서는 당신을 응원하고 격려하는 분이십니다! 자신을 정죄하지 마십시오. 그것은 영의 역사가 아닙니다. 다른 사람에 대해서도 정죄하지 마십시오. 긍휼히 여기십시오. 그것이 당신의 영을 살아나게 하는 성령의 마음입니다.

영은 겸손하고 배고프며
약하고 비천하다

고전 4:7-11

1. 육은 자랑하고 배부르고 강한 것을 추구한다

이 본문은 '너희'와 '우리'를 비교하며 이야기한다. 여기서 '너희'는 육으로 살아가고 있던 고린도교회 성도들을 가리키고, '우리'는 영으로 살아가고 있던 바울과 그 동료들을 지칭한다.

[고전 4:7,8] 누가 너를 남달리 구별하였느냐 네게 있는 것 중에 받지 아니한 것이 무엇이냐 네가 받았은즉 어찌하여 받지 아니한 것같이 자랑하느냐 너희가 이미 배부르며 이미 풍성하며 우리 없이도 왕이 되었도다 우리가 너희와 함께 왕 노릇 하기 위하여 참으로 너희가 왕이 되기를 원하노라

[고전 4:10] 우리는 그리스도 때문에 어리석으나 너희는 그리스도 안에서 지혜롭고 우리는 약하나 너희는 강하고 너희는 존귀하나 우리는 비천하여

육의 특징은 자랑하는 것이다(7절). 배부른 것이다(8절). 강하고 존귀해지는 것이다(10절). 이것이 육이 추구하는 것들이다. 우리의 육은 '보이는 세계'에만 집중하기에 이 세상 것으로 자

랑하고, 배부르려 하고, 강해지고 존귀해지려 한다.

[요일 2:16] 이는 세상에 있는 모든 것이 육신의 정욕과 안목의 정욕과 이생의 자랑이니 다 아버지께로부터 온 것이 아니요 세상으로부터 온 것이라

2. 영은 겸손하고 배고프며 비천한 것을 선택한다

육신의 정욕을 채우고, 이 땅의 것들로 자랑하려 하는 것은 육이다. 그러나 영은 그렇지 않다. 영은 '보이지 않는 세계'에 집중하기에, 이 세상 것으로는 만족하지 못한다. 세상 것으로 아무리 자랑할 것이 많아도 만족하지 않는다. 세상 것으로 아무리 배불러도 그것에 아무런 반응도 하지 않는다. 강하고 존귀해져도 만족하지 않는다. 영은 이 세상의 것을 추구하지 않고, 유혹되지도 않는다.

그렇기에 영은 세상 기준으로는 가난하고 비천하고 연약하며, 주리고, 목마르고, 정처 없고 헐벗는다. 바울은 영으로 살아가는 사람을 가리켜 '만물의 찌꺼기'처럼 되었다고 했다(고전 4:13). 영적인 사람이 일부러 찌꺼기가 되는 것을 추구한다는 뜻은 아니다. 영적인 사람은 반드시 가난해야 하고, 반드시 주리고 목마르고 헐벗어야 한다는 의미도 아니다. 만약 이런 것이 영적인 것이라면 수도사들 외에는 영적인 사람이 없을 것

이다. 영은 일부러 이런 것을 추구하지는 않는다. 그래서 이런 외적인 상태 - 부자냐 가난하냐 - 만으로 영적인지, 육적인지를 판단할 수는 없다.

그러나 영은 세상의 것에 관심이 없기에, 필요하다면 더 소중한 일을 위해 언제든지 세상 것을 포기하고 희생할 준비가 되어 있다. 살다 보면 무언가를 포기해야 하는 상황에 처할 때가 있다. 그리스도인이 핍박받는 나라에서 태어난다든지, 상황이 좋지 않은 시대에 산다든지, 아니면 개인적으로 믿음을 지키기 위해 뭔가 대가를 치러야 한다든지, 부르심을 이루기위해 뭔가 포기해야 한다든지 할 때가 있다. 이런 상황에서 영적인 사람은 가난과 비천함, 연약함과 주리고 목마른 것, 정처없고 헐벗음 등을 굳이 피하고자 하지 않는다. 뿐만 아니라 필요하다면 예수를 위해 이런 것들을 기꺼이 감당하기도 한다. 피하려면 피할 수 있지만, 더 소중한 가치를 위해 기꺼이 희생한다는 것이다.

바울은 가말리엘 문하의 사람이었고, 로마 시민권자였다. 마음만 먹는다면 비천함이 아니라 강하고 존귀한 자리를 누릴 수 있었다. 그러나 바울 안에 있는 영이 그 길을 선택하지 못하게 했다. 그는 더 소중한 가치 - 영원한 하나님의 나라를 위해 육이 요구하는 것과는 전혀 다른 선택을 했다. 그것은 가난하고 비천하고 연약하고 헐벗는 - 만물의 찌끼가 되는 것이었다.

영을 따르는 길은 세상에 대하여 죽는 것

6.25 전쟁 당시 '포로들의 성자'로 알려진 맹의순 선생은 수용소에서 아픈 사람들을 돌보며 복음을 전했다. 수용소에서 나갈 수 있는 기회가 주어졌지만, 돌보던 사람들을 그냥 버려둘 수 없었기에 출소를 거부하고, 결국 수용소에서 건강이 악화되어 소천했다. 독일의 본회퍼는 20대에 이미 세계적인 신학자의 반열에 오른 천재였지만, 히틀러에게 저항하다 젊은 나이로 생을 마감했다.

영은 이 세상 기준으로는 '만물의 찌끼'가 되게 한다. "만물의 꼴찌"라는 뜻이다. 어찌 보면 당연하다. 만물 - 보이는 세상에 속한 것을 추구하지 않으니까 말이다. 당연히 만물에서는 꼴찌다. 이것을 이원론과 혼동하지는 말라. 이원론은 두 세계를 분리하여 각각 추구하는 것이다. 세상도 추구하고, 종교도 추구한다. 그러나 영적인 사람은 두 세계를 분리하지 않는다. 보이는 세계든 보이지 않는 세계든 '영적인 원리'를 따라 산다. "그렇게 살면 가난해져!", "그렇게 살면 존귀한 자리에 갈 수 없어!", "그렇게 살면 무시당해!" 이 속삭임에 귀 기울이지 않는다. "그래? 영을 좇아 사는 것이 그런 거라면, 나는 기꺼이 만물의 꼴찌가 될 거야!" 이것이 영적인 삶이다.

오늘날 많은 사람이 예수를 믿는다고 하면서도 만물의 첫째가 되려 한다. 세상에서 조금도 손해 보지 않으려 한다. 하지만

영을 따르는 길은 만물의 찌끼가 되는 길이지 만물의 첫째가
되는 길이 아니다. 그러다가 하나님이 세상에서도 높여주시면
'할렐루야'이지만, 그렇지 않을지라도 영의 원리를 따라 희생
하고 포기하는 길을 간다.

영을 따르는 길은 세상에 대해서는 '죽는 것'이다. 희생과 포
기가 없는 영성은 없다. 영성과 세상의 성공을 모두 잡으려 하
는 것은 영적인 원리가 아니다. 세상이 소중하다고 하는 그것
을 얼마나 내려놓을 수 있느냐가 영성이다. 더 소중한 것을 알
기 때문이다. 당신은 세상에서 첫째가 되려 하는가, 아니면 꼴
찌가 되려 하는가?

•downloads from heaven

"영원한 것을 얻기 위해 영원하지 않은 것을 포기하는 것을 어리
석다 하지 말라." 28세의 나이로 에콰도르에서 순교한 짐 엘리엇
이 남긴 말입니다. 영원한 것을 얻기 위해 영원하지 않은 것을 포
기하는 것은 어리석은 일이 아닙니다. 오늘 당신의 마음과 눈을
사로잡고 있는 것은 무엇입니까? 혹시 땅에 속한 것들은 아닙니
까? 첫째가 되고자 하는 마음은 아닙니까? 영원한 것과 세상에 속
한 것을 모두 잡을 수는 없습니다. 한 가지만 선택해야 한다면, 영
원한 것을 선택하는 것이 옳지 않을까요?

영은 도리어 축복하고
참고 권면한다

고전 4:12,13

[고전 4:12,13] 또 수고하여 친히 손으로 일을 하며 모욕을 당한즉 축복하고 박해를 받은즉 참고 비방을 받은즉 권면하니 우리가 지금까지 세상의 더러운 것과 만물의 찌꺼기같이 되었도다

모욕을 당하거나 누군가로부터 비방을 당할 때, 영과 육은 상이한 반응을 보인다. 육은 모욕을 당하면 받아친다. 상대방에게 똑같은 모욕을 준다. 박해를 받으면 폭동을 일으키거나 상대를 죽이고, 비방을 당하면 억울함을 풀기 위해 사방에 로비를 하거나 비방한 사람을 공격한다. 오늘날 우리 주변에서도 비일비재한 일들이다. 그러나 영은 그렇게 반응하지 않는다. 영은 전혀 다르게 반응한다.

내가 아는 한 미국 목사님의 이야기다. 그가 젊었을 때 어느 도시에서 조그마한 교회를 개척하셨다. 마침 근처 큰 교회 목사님이 많은 도움을 주셨다. 그런데 이 목사님이 개척한 교회가 매우 빨리 부흥하게 되어 몇 년 새 큰 교회보다 더 커졌다. 그러자 큰 교회의 목사님이 시험에 드셨다. 젊은 목사님에 대해 부정적인 말들을 퍼뜨리기 시작하더니, 급기야 지역 크리스

천 신문에 젊은 목사님에 대한 비방 기사를 싣기에 이른다.

이 기사를 본 교회 성도들이 젊은 목사님을 찾아왔다. "목사님, 이 기사 보셨어요? 이건 말도 안 됩니다! 태반이 거짓말이고 오해입니다!" 그런데 젊은 목사님은 그 기사를 보고 "맞는 말도 많네요…"라고 끝내셨다. 이것이 영이다. 그 젊은 목사님이 육으로 움직이는 사람이었다면 아마 열 가지가 넘는 비방에 대해 하나하나 따지고, 증명하는 반박 기사를 내거나 법원에 고소했을 것이다. 더 나아가 자신을 비방한 그 목사가 얼마나 악한지 알리기 위해 맞대응했을 수도 있다. 그것은 육의 방법이다.

그러나 영은 그렇게 반응하지 않는다. 영은 모욕을 당하면 축복하고, 박해를 받으면 참는다. 자신을 방어하기 위해 상대를 공격하거나 맞받아치지 않는다. 영은 마치 스펀지와도 같다. 모든 비방과 모욕과 박해를 '쑥' 하고 받아들이고 끝낸다. 튕겨내지 않는다. 영은 모든 악의적인 말과 공격을 다 흡수해서 소멸시켜버리는 스펀지다.

20년이 지나서 이 목사님은 존경받는 목사님이 되셨다. 흥미로운 것은 이 목사님을 비방했던 큰 교회 목사님의 말년이다. 큰 교회 목사님은 감사하게도 하나님 앞에 회개하고, 자신이 비방했던 내용들이 사실은 과장되거나 거짓이었다는 글을 다시 신문에 기고하셨다. 그러고는 자신이 비방했던 그 목사님의 교회에 부사역자가 되어 평생 그를 돕다가 아름답게 소천하셨다. 이것이 영이다. 육의 결과와 너무 다르지 않은가? 영을 따라 살라! 모욕을 당하면 그 상대를 오히려 축복하라. 박해나 억울한 일을 당하면 참으라. 비방을 받으면 권면하라. 육을 따를 때와는 전혀 다른 결과를 보게 될 것이다.

•downloads from heaven

오해를 받거나 억울한 상황 가운데 있습니까? 그렇다면 육으로 반응하지 않도록 조심하십시오. 억울함은 혼과 육을 자극하고 선동합니다. '받아쳐', '복수해!'라고 하는 육의 외침이 들리십니까? 이 소리를 따라가지 않도록 조심하십시오. 육으로 반응하면, 육의 열매를 얻을 뿐입니다. 영으로 반응하는 것은 하나님께 의탁하는 것입니다. 하나님께서 당신의 상황을 다 아십니다. 하나님께서 당신의 억울함을 풀어주실 것입니다. 스스로 억울함을 방어하려 하지 마십시오. 모든 판단을 하나님께 의탁하고, 오히려 상대를 축복하십시오. 이것이 영의 반응입니다.

혼은 가르치려 하고
영은 낳는다

고전 4:14-16

1. 혼의 가르침 vs 영의 낳음

혼은 스승이 되려고 하지만, 영은 자녀를 낳는다. 혼은 그 특징이 이해하는 것이다. 보이는 세상과 소통하는 기능이기 때문이다. 보이는 세상을 살아가는 열쇠는 '이해하는 것'이다. 그렇다보니 혼은 가르치려 한다. 이해시켜야 하기 때문이다. 혼의 전수는 '가르침'을 통해 일어난다. 그리고 그 결과 '스승'이 된다. 모든 혼의 세계의 시스템을 보라. '스승과 제자'의 관계로 이루어져 있지 않은가?

[고전 4:14-16] 내가 너희를 부끄럽게 하려고 이것을 쓰는 것이 아니라 오직 너희를 내 사랑하는 자녀같이 권하려 하는 것이라 그리스도 안에서 일만 스승이 있으되 아버지는 많지 아니하니 그리스도 예수 안에서 내가 복음으로써 너희를 낳았음이라 그러므로 내가 너희에게 권하노니 너희는 나를 본받는 자가 되라

그러나 영은 다르다. 영은 가르치는 것이 아니라 사랑하는 것이다. 영은 연합하는 것이다. 보이지 않는 세계를 살아가는

열쇠는 '사랑하는 것'이다. 그 결과, 영은 사랑으로 자녀를 낳는다. 영은 반드시 실체가 있기에 영의 전수는 교실에서 가르치는 것만으로는 이루어지지 않는다. 그 가르침에 '실체'가 있어야 일어난다. 즉 '본이 되는 것'이 있을 때만 일어난다는 것이다. 영의 전수는 가르치는 것이 아니라 '본받는 것'이다. 전수하는 자가 실제로 그가 가르치는 것을 '소유하고 살아갈 때', 그때에만 영의 전수가 일어난다. 가르침을 통해 키워지는 것이 '제자 양육'의 속성이라면, 사랑과 본을 통해 키워지는 것은 '자녀 양육'의 속성이다. 그런 의미에서 영은 '영적 자녀'를 낳는다.

당신이 영으로 살고 있다면 당신에게 두 가지 특징이 있을 것이다. 첫째는 당신을 영으로 낳아준 사람 - 영적 아비가 있을 것이고, 둘째는 당신이 사랑 가운데 낳은 사람 - 영적 자녀가 있을 것이다. 이것이 영으로 살아가는 사람의 특징이다.

2. 영적 아비와 영적 자녀

혼으로 살아갈 때는 여러 다른 관계들을 만든다. 스승과 제자, 상사와 부하, 이웃, 친구, 선배, 후배 등. 그러나 영으로 살아갈 때는 이 관계와 더불어 중요한 관계가 만들어지는데, 그것이 바로 '아비와 자녀'의 관계다. 영에는 생명이 있기 때문이다. 누군가 영으로 나를 낳아줘야 내가 영적인 생명을 가지게 된다. 사람을 거치지 않고 하나님께서 '직접' 생명을 주셔서 구원한 사람은 없기 때문이다. 그것은 하나님이 일하시는 방식이 아니다. 하나님은 반드시 하나님의 영을 가진 사람을 통해 영적인 생명을 낳게 하신다. 그래서 아담에게 생육하고 번성하라고 하셨다.

만약 당신의 영적 아비가 누구인지 모른다면, 그것은 그 관계를 소중히 여기지 않았기 때문일 가능성이 크다. 누군가 분명히 당신을 복음 안에서 낳아준 사람이 있다. 아니면 복음 안에서 키워준 사람이 있을 것이다. 낳아준 부모만 부모가 아니라 키워준 부모도 부모다. 어쨌든 누군가 당신을 낳아주고 키워준 부모가 있다. 영적인 원리는 낳아주고 키워준(꼭 일치하지 않을 수는 있다) 영적 부모 밑에서 건강하게 자라가는 것이다.

그런데 오늘날은 '영적인 고아'들이 참 많다. 누군가 낳아주기는 낳아주었을 것이다. 그런데 그게 누군지 모른다. 아니면 알고 있지만, 그 사람 밑에 있기 싫어 혼자 알아서 크겠다고 뛰쳐나왔을 수도 있다. 물론 부모의 잘못일 수도 있을 것이다. 낳기는 했지만 키워줄 영성도, 인격도 없었을 수 있다. 하지만 이런 경우라도 누군가 키워줄 사람을 찾아가야 하지 않았을까? 영적 고아가 된 것은 본인이 선택한 결과다. 아비가 필요 없다고 생각하는 교만, 자기 마음대로 하고 싶다는 욕망, 무엇인가 사람들에게 인정받고 싶다는 야망, 이런 것들로 인해 아비 없이 혼자 살아가기를 선택한 것이다.

영적 고아들은 건강하지 않다. 영은 영을 통해 태어나고 자라나는 것이기에, 공급해줄 아비가 없이 자란 사람은 건강한 영성을 갖기 힘들다. 그래서 공동체가 중요하다. 공동체가 영적 자양분을 공급해주는 모태이기 때문이다. 공동체에 대한 이야기는 21번 원리에서 더 자세히 살펴보자. 어떻든 영적 고아는 되지 말라. 영적 고아로 자란 사람과 영적 아비 밑에서 자란 사람은 다르다. 그냥 척 봐도 다르다. 아비 밑에서 자란 사람을 보면 참 귀하다는 감동이 있지만, 영적 고아로 자란 사람은 참 거칠다 내지는 안됐다는 안타까움을 자아낸다. 저렇게 가면 오래 못 갈 것이 보이기 때문이다.

더욱이 영은 자녀를 낳는다. 아무리 오래 신앙생활을 해도 '영적 자녀'가 없는 사람이 있다. 이것은 영적 실체가 없다는 의미다. 자녀가 없다는 것은 잘 가르치지 못하기 때문이 아니다. 잘 가르치지 못해 '선생'이 되지 못할 수는 있다. 그러나 '아비'는 잘 가르칠 필요가 없다. 자녀가 없는 것은 누군가에게 '본'이 될 만한 영적 실체가 없기 때문이다.

영적 자녀들을 많이 낳으라. 아니, 영적인 실체가 있는 삶을 살라. 그러면 자녀들은 저절로 생긴다. 자녀를 낳는 것은 어려운 일이 아니다. 오히려 자연스러운 일이다. '하나님의 사랑'으로 누군가를 사랑하고 섬길 때, 자연스럽게 영적인 새 생명이 태어나게 된다. '나'만 생각하는 자기 사랑과 자기 중심성에서 벗어나라. 그 안에 갇힌 '영적 독신주의자'는 자녀를 낳을 수 없으니까.

[•]downloads from heaven

영적 자녀가 있으십니까? 당신을 통해 예수님의 생명을 얻게 되고, 당신의 삶을 보면서 신앙생활을 배운 사람 말입니다. 영적인 생명이 있는 사람은, 반드시 영적 자녀를 낳습니다. 왜냐하면 영적 생명의 핵심이 '사랑'이기 때문입니다. 누군가를 사랑하고, 그 사람의 삶에 관심을 기울이기 시작할 때, 새 생명이 태어나게 될 것입니다. 그리고 당신은 영적 아비가 되는 특권과 기쁨을 누리게 될 것입니다. 오늘 시작하십시오. 사랑하는 것을!

영은 말이 아니라 능력에 있다

고전 4:19,20

영은 실체이기에 반드시 능력이 있다. 공이 날아온다고 말하는 것과 진짜 공이 날아오는 것은 다르다. 후자는 실체이기에 임팩트가 있다. 영은 실체이기에 능력이 있다. 영을 따라 사는 삶에는 임팩트가 있다. 영적인 세계는 종교적 상상이 아니라 실체이기에, 보여지고 만져지는 임팩트가 있다. 이 임팩트가 없다면, 그것은 상상이고 종교다.

오래전 우리 교회 대학생 팀이 티베트 청해성에 단기 선교를 갔다. 승려들만 사는 마을에 들어가게 되었는데, 마을 입구에서 한 승려가 물었다. "당신들은 누구이며 왜 이곳에 왔습니까?" 당황스러운 질문에 팀 리더였던 형제가 얼떨결에 대답했다. "아픈 사람들이 있으면 치료해주려고 왔습니다." 마침 주머니에 물파스가 있어서 멍들거나 접질린 사람들이 있으면 발라주고 기도해주려는 생각이었다고 한다.

그 말을 들은 승려가 마을에 가서 여러 사람과 함께 한 할머니를 들것에 실어 나왔다. 뇌출혈로 쓰러져 전신 마비가 된 분이었다. 맙소사! 물파스로 해결될 수 있는 일이 아니었다. 할 수 없이 할머니를 가운데 두고 기도하기 시작했다. 그런데 놀라운 일이 벌어졌다. 할머니가 벌떡 일어나신 것이다! 손과 발을 움직이시더니, 다 나았다고 기뻐하셨다. 마을에 난리가 났다. 한국에서 치료사들이 왔는데 용하다고 소문이 난 것이다.

마을에 머무는 사흘 동안 먹이지도 재우지도 않고 병든 자들을 계속 데려왔고, 결국 라마 불교 서열 3위에 해당하는, 일반인들은 만날 수도 없다는 고승 앞에까지 가게 되었다. 그리고 관절염을 앓고 있던 이 고승에게 복음을 전할 수 있는 놀라운 기회를 갖게 되었다.

[고전 4:19,20] 주께서 허락하시면 내가 너희에게 속히 나아가서 교만한 자들의 말이 아니라 오직 그 능력을 알아보겠으니 하나님의 나라는 말에 있지 아니하고 오직 능력에 있음이라

하나님나라는 말에 있지 않고 능력에 있다. 영에는 실체가 있다. 오늘 당신이 추구하는 영적인 삶에는 '능력'이라는 증거가 있는가? 임팩트가 있는가? 그렇다면 할렐루야! 이 실체를 누리길 축복한다.

*downloads from heaven

우리가 전하는 것은 종교적 교리가 아니라 삶의 해답이 되는 복음입니다. 우리가 소유한 복음은 도덕과 윤리가 아니라 삶의 문제를

해결하는 능력의 복음입니다. 주위를 둘러보십시오. 도움을 바라는 영혼들의 눈빛이 보이지 않습니까? 배우자와의 갈등, 어찌해야 할지 모르겠는 자녀들, 청천벽력 같은 암 진단, 해결할 길 없는 빚, 상사와의 갈등, 실패한 관계에서 오는 좌절과 실망, 미래에 대한 두려움, 이유 없는 우울함에 이르기까지…. 참된 영성은 이들의 '필요'를 공감하는 것에서부터 시작합니다. 사랑하는 것에서부터 시작합니다. "내가 가지고 있는 능력을 당신에게 드립니다. 예수의 이름으로 일어나 걸으십시오!"(행 3:6) 손을 잡아 일으켜 세워주지 않으시겠습니까?(행 3:7) 그들이 일어나 걷고 뛰며 함께 성전에 들어가 하나님을 찬송할 것입니다(행 3:8).

KAIROS

PART

2

영을 움직이는 것은
마음이다

영은 반드시
공동체를 만든다

고전 5:1-8

영은 반드시 공동체를 만든다. 영의 가장 중요한 속성은 '사랑'이다. 하나님은 사랑이시다. 사랑은 함께 있고 싶고, 공유하고 싶고, 나누고 싶은 것이다. 그래서 두 남녀가 사랑하게 되면 '가족'이라는 공동체를 만든다. 가족이라는 공동체가 만들어지면 사랑 속에서 '자녀'를 낳는다. 공동체가 확장되는 것이다. 영은 사랑함으로 자녀를 낳는다(원리 19). 뿐만 아니라 육은 나누고 영은 하나로 합쳐지는 속성이 있다(원리 1). 이런 영의 속성들로 인해 영은 반드시 공동체를 만든다. 하나님의 속성인 '사랑'이 이 땅에 들어오기 때문이다.

하늘이 열리고 '카이로스의 시공간'이 크로노스 시공간 안으로 들어올 때, 우리는 하늘에서 불이 떨어지고, 죽은 자가 살아나는 기적을 기대한다. 물론 그런 일들도 일어난다. 거기서는 크로노스 시공간의 모든 원리를 뒤덮는 카이로스 시공간의 원리들이 지배하기 때문이다. 그러나 카이로스의 시공간이 크로노스 안으로 들어올 때 일어나는 가장 크고 본질적인 현상은 '공동체'가 만들어지는 것이다.

사도행전의 오순절 사건을 생각해보라. 역사상 가장 크게 하늘이 열리고 엄청난 카이로스의 시공간이 크로노스 세상 속으로 쏟아져 들어왔다. 사람들이 처음으로 방언을 말하고, 앉은뱅이가 일어나는 기적이 일어났다. 그러나 그보다 더 본질적인 변화는 '교회'라는 공동체가 만들어진 것이다! 오순절 성령강림은 교회의 시작이었다. 기적과 이사가 그때 그곳에 있던 사람들에게만 영향을 미쳤다면 어땠을까? 하지만 교회는 시대와 공간을 뛰어넘어 헤아릴 수 없이 많은 사람에게 영향을 미쳤다. 그렇다. 영은 항상 공동체를 만든다.

1. 공동체, 영의 실체

모든 영적인 것에는 그것에 대응하는 보이는 세계의 '실체'가 있다. 보이는 세계는 보이지 않는 세계의 그림자이기 때문이다. 따라서 보이지 않는 영적 세계의 모든 것에는 보이는 세계속에 그것에 대응하는 카운터파트(counterpart, 대응체)가 있다. 이것이 없으면 그것은 그저 우리의 감정이거나 착각일 뿐, 영적 세계에 실존하는 것이 아니다. 때때로 우리는 실존하지 않는 것을 영적인 것이라 믿고 착각하는 '종교성'에 속곤 한다. 예수께서 가장 싫어하셨던 것이 바로 이 실체 없는 영성, 종교였음을 기억하라.

　　공동체는 가장 중요한 영적 실체 중 하나다. 만약 당신이 추구하는 영성이 정말 영적 세계에 속한 것이라면, 당신은 반드시 공동체라는 실체 속에 거해야 한다. 신앙 안에서 삶을 나누고, 사랑하며, 기도하는 '사람들의 관계' 속에 속해 있어야 한다는 것이다. 그것이 셀이나 구역모임과 같은 소그룹일 수도 있고, 함께 기도하는 중보 모임일 수도 있고, 혹은 작은 규모의 교회일 수도 있다. 무엇이라 부르든지 참된 영성은 '공동체'의 모습으로 나타난다.

영적인 삶을 추구하고, 영적인 용어들을 사용하고, 영적인 것처럼 행동하기는 하는데, 항상 혼자라면? 나와 하나님밖에 없다면? 이것은 진짜 영적인 것이 아니다. 공동체를 세워가지 않고 '혼자' 영성을 추구하는 것은 실체가 없는 영성이다. '나는 하나님하고만 직접 상대할 거야!' 그러고는 그것이 영적인 것이라고 착각한다. 사람과의 관계 속에서 사랑하기 위해 속이 썩고, 수고하고, 양보하고, 희생하는 이 모든 것을 다 이 땅의 일이라 생각한다. 예수는 믿지만 교회에는 속하지 않은, 소위 '가나안 성도'가 많아지는 이유이기도 하다.

바울이 고린도교회에 이 긴 편지를 쓴 이유가 무엇일까? 사람들 때문이 아닌가! 사람들 때문에 고민하고, 사람들 때문에 속 썩고, 사람들 때문에 수고하면서 쓴 편지가 고린도서라면, 과연 이 수고가 '땅의 일'이라 할 수 있을까? 아니다. 사람들 때문에 수고하는 것은 하늘의 일이다. 생각해보라. 사람들을 향한 바울의 속 썩음은 결국 성경이 되었다! 영의 실체인 성경이 '사람들과의 관계' 속에서 속이 썩고, 수고하고, 고민하고, 희생하고, 마음 상하는 과정에서 나온 것임을 기억하라. 정말 영적인 일은 공동체를 세우는 일이다. 사람들 때문에 수고하고 땀 흘리는 것이 영적인 일이다. 사람들 때문에 마음고생하고, 재정을 써가며 공동체를 세우는 것, 이것이 영적인 일이다.

오래전 평신도 시절, 셀 리더를 하며 들었던 잊혀지지 않는 말씀이 있다. 그것은 "사람이 속 썩이지, 하나님이 속 썩이냐?"는 말씀이었다. 우리가 수고하고 힘쓰는 것은 구체적으로는 사람들 때문이라는 것이다. 그렇지 않은가? 하나님하고만 상대한다면, 수고하고 땀 흘릴 것이 뭐가 있겠는가? 말씀 묵상? 꿀송이다! 기도? 은혜다. 신선놀음이다. 항상 구름 위에서 살 수 있다.

그런데 그러다보면 현실과의 괴리가 일어나기 시작한다. 현실의 삶은 회피하고, 소위 '영적인 것'을 깊게 추구한다. 은사를 사모하고 계시를 구한다. 그런 것들이 영적인 것이라고 생각한다. 아니다. 이것은 '가짜 영성'이다. 은사가 무엇인가? 몸을 세우기 위한 선물이 아닌가. 은사는 공동체를 위해 주어진 것이다. 그런데 공동체는 세우지 않으면서 은사를 추구한다고? 그거 참 이상하다.

하나님을 위해 수고하고 힘쓸 때, 그 대상은 항상 '사람들'이다. 고린도전서를 쓰고 있는 바울도 그랬다! 실체가 있는 영성은 공동체를 세우는 것으로 나타난다.

2. 영은 섞이지 않고 순수하다

고린도전서 5장 말씀은 '영과 공동체'라는 연결 속에서 이해해야 한다. 1절과 2절에서 바울은 이렇게 말한다.

> [고전 5:1,2] 너희 중에 심지어 음행이 있다 함을 들으니 그런 음행은 이방인 중에서도 없는 것이라 누가 그 아버지의 아내를 취하였다 하는도다 그리하고도 너희가 오히려 교만하여져서 어찌하여 통한히 여기지 아니하고 그 일 행한 자를 너희 중에서 쫓아내지 아니하였느냐

이 말씀은 죄를 지은 모든 사람을 공동체에서 쫓아내야 한다는 극단적인 말씀이 아니다. 우리는 1절을 통해 고린도교회 공동체 안에 존재했던 심각한 죄를 짐작할 수 있는데, 그것은 '아버지의 아내'와 동침하는, 이방인 가운데서도 찾아보기 힘든 패륜이었다. 이 말씀만으로 어떤 죄를 공동체에서 쫓아내야 하고, 어떤 죄를 용납해야 하는지를 분별하기는 쉽지 않지만, 영적 원리만은 명확하다. 그것은 어떤 경우에도 영이 죄와 섞이지 않는다는 것이다.

영은 어떤 경우에도 죄와 섞이지 않는다. 그렇기에 그 반영체인 공동체 역시 죄와 섞일 수 없다. 공동체가 죄와 섞일 때, 그 공동체는 '영의 실체'라는 끈을 잃고, 세속의 친목 단체로 전

락해버린다. 이어지는 5, 6절에서 바울은 이렇게 이야기한다.

[고전 5:5,6] 이런 자를 사탄에게 내주었으니 이는 육신은 멸하고 영은 주 예수의 날에 구원을 받게 하려 함이라 너희가 자랑하는 것이 옳지 아니하도다 적은 누룩이 온 덩어리에 퍼지는 것을 알지 못하느냐

고린도교회는 이런 패륜의 죄악을 공동체에서 끊어내는 대신 오히려 자랑했다(6절). 아마 '우리는 이런 것까지 용납할 수 있는 공동체야!'라고 자랑스럽게 생각했던 것 같다. 반면 바울은 이런 사람을 사탄에게 내어준 것(출교)은 육신은 멸하고 영은 구원을 받게 하는 길이라 했다(5절).

바울의 관점은 철저히 '영적'이었다. 이 땅에 사는 동안 공동체에 속해서 잘 살면 그것이 무슨 소용이 있겠는가? 영이 망하면 끝인데! 그에 반해 고린도교회 성도들의 관점은 인본주의적(육적)이었다. 그 결과 인본주의의 누룩이 온 교회에 퍼지고 있었다. 결국 이들은 교회를 세속 공동체로 만들어버렸다. 교회는 죄와 섞이면 안 된다.

영적인 실체는 공동체입니다. 삼위일체 하나님이 하늘에서 누리시는 완전한 연합을 하나님의 백성들이 이 땅에서 표현해내는 것입니다. 당신은 공동체에 속해 계십니까? 당신이 속한 공동체를 영적으로 만들기 위해 힘쓰고 계십니까? 혹시 당신의 공동체가 세속화되지는 않았습니까? 영적인 사람은 공동체를 세우는 사람입니다.

영적 신선함을
지키라

고전 5:6-8

적은 누룩이 반죽 안에 들어와 반죽 전체를 발효시키듯이, 공동체 전체를 부패하게 하는 '누룩'을 조심해야 한다. 바울뿐 아니라 예수께서도 누룩 이야기를 하셨다. 바리새인과 헤롯의 누룩을 조심하라고 이르셨다(막 8:15). 누룩은 작은 것이지만, 그 위력은 결코 작지 않다. 온 덩어리에 퍼져 반죽 전체를 변질시킨다.

[고전 5:6] 너희가 자랑하는 것이 옳지 아니하도다 적은 누룩이 온 덩어리에 퍼지는 것을 알지 못하느냐

영적 공동체는 '누룩 없는 자'가 되어야 한다. 영적 공동체인 교회는 세상의 가치와 섞이지 않은 '새 덩어리', 새로운 공동체다. 그러기 위해 누룩을 내버리라고 하신다. 8절에서 바울은 공동체를 부패시키는 두 종류의 누룩을 이야기한다. 그것은 '묵은 누룩'과 '악의에 찬 누룩'이다.

[고전 5:8] 이러므로 우리가 명절을 지키되 묵은 누룩으로도 말고 악하고 악의에 찬 누룩으로도 말고 누룩이 없이 오직 순전

함과 진실함의 떡으로 하자

1. 묵은 누룩을 제거하라

첫째는 '묵은 누룩'이다. 묵은 누룩은 인간의 전통 또는 종교적
율법을 상징한다. 예수께서도 바리새인과 서기관들로 대표되
는 전통과 율법을 '바리새인의 누룩'이라고 하셨다. 교회 안에
는 이 묵은 누룩들이 항상 기회를 노린다. 영적 생명과는 관계
없는 인간의 제도, 인간의 전통이다. 예수님 때에도 바리새인
들이 항상 이것을 가지고 예수님과 충돌했다. 예수님의 사역
대부분이 이것과의 충돌이라 해도 과언이 아니었다.

이 누룩은 지금까지도 우리 신앙생활 깊숙이 들어와 영향을
미치고 있다. 우리가 공동체 안에서 무언가를 지키고 행할 때
또는 반대로 무언가를 금하고 하지 않을 때 그것의 영적 의미
가 무엇인지를 반드시 물어야 한다.

개인적으로도 마찬가지다. 당신은 왜 주일을 지키는가? 술
과 담배를 하지 않는 이유는 무엇인가? 셀 모임에는 왜 나오는
가? 헌금은 왜 하는가? 이런 것들을 하지 말아야 한다는 뜻이
아니다. 왜 이런 일들을 하는지, 그 영적인 의미가 명확한지를
묻는 것이다. 영적인 의미와 연결되지 않은 행동이나 전통은
영적인 실체가 아니다. 그것은 지키면 지킬수록 우리의 영을
침체되게 하는 묵은 누룩이다. 묵은 누룩은 제거해야 한다.

우리 안에 영적 의미를 상실한 채 그냥 행해지는 것들, 하던 거니까 그냥 계속하는 것들은 없는가? 이중에 어떤 것들은 그 영적 의미가 다시 회복되어야 하겠지만, 어떤 것들은 그 행위 자체가 폐기되어야 한다. 성경적이지 않은 전통, 혹은 과거에는 좋은 전통이었으나 그 영적 의미를 회복하기에는 너무 많이 가버린 전통은 폐기해야 한다. 그것이 성경의 명령이다.

영적 생명력을 지키고 싶다면, 끊임없이 묵은 누룩을 제거하라. 어제까지 묵은 누룩이 아니었어도, 오늘은 묵은 누룩이 되어버릴 수 있다. 종교의 영이란 '익숙함'에서 오는 매너리즘이다. 익숙함은 우리에게 영적으로 각성할 힘을 앗아간다. 영은 없고 그냥 몸이 익숙한 일을 행한다. 이것이 반복되면 공동체 안에서 문화가 되고, 문화는 사람들을 강요하기 시작한다.

"왜 그 일을 합니까?"

"아무도 몰라. 그런데 그냥 해야 해."

"안 하면? 교인이 아니야!"

그러나 영은 항상 '신선함'을 유지해야 한다. 익숙해지면 안 된다. 전통과 종교가 되면 안 된다. 하나님과의 신선한 만남이 매일 갱신되어야 영이 살 수 있다. 오늘 당신의 영을 잠재우는 묵은 누룩은 없는가? 있다면 제거하라. 그래야 당신의 영이 산다.

영적 유월절의 의미

이것이 유월절의 의미다. 영적 유월절은 누룩에서부터 자유하게 되는 것이다.

> [고전 5:7] 너희는 누룩 없는 자인데 새 덩어리가 되기 위하여 묵은 누룩을 내버리라 우리의 유월절 양 곧 그리스도께서 희생되셨느니라

출애굽기의 유월절은 노예 되었던 삶의 전통에서 벗어나 살아 계신 하나님을 따라가는, 이전에는 해보지 않았던 새로운 삶의 시작이었다. 익숙한 노예의 삶에서 벗어나 매일 인도하시는 구름 기둥과 불 기둥을 따라가는, 신선하고 새로운 삶! 이것이 유월절이었다. 묵은 누룩을 벗어나라. 살아 계신 하나님과 동행하라. 전통과 형식에 따라 행하는 죽은 종교가 아니라, 살아 계신 하나님과 동행하는 살아 있는 영의 삶을 살라. 삶의 모든 선택에 '영적 의미'를 물으라. 이것이 '영적 유월절'이다.

2. 악의에 찬 누룩을 제거하라

두 번째 누룩은 '악의에 찬 누룩'인데, 이것은 '죄'를 의미한다. 앞서 살펴보았듯이 영은 죄와는 섞일 수 없다. 죄가 들어오면

영은 죽고, 인간은 육이 된다. 죄가 들어오면 영적 공동체는 사라지고, 세속적 친목 단체가 된다. 죄를 묻어두고 가는 것은 '성숙한 공동체'가 아니다. 죄 문제를 명확하게 해결하고 가는 것이 영적인 원리다.

교회를 개척할 때 일이다. "검은돈은 헌금하지 말아 달라"라고 했더니, 자영업을 하시는 몇몇 분이 세금 문제를 상담해왔다. 당시만 해도 세금 납부에 있어서 '관습'이라는 것이 중요했다. 정부에서도 사람들이 수입을 있는 그대로 신고하지 않을 것을 예상해서, 대략 규모가 어느 정도이면 수익은 어느 정도일 것이라는 가이드라인이 있었다. 그래서 실제 수입과는 관계없이 가이드라인에 맞추어 세금을 신고하고, 세금을 내는 것이 업계의 관행이었다. 하지만 이것은 엄밀한 의미에서 보자면 거짓이었다. 고민이 빠진 성도분이 찾아와 물으셨다.

"목사님, 이거 어떻게 해야 할까요? 있는 그대로 신고하는 사람은 없습니다. 그렇게 신고하면 세금이 너무 많이 나와서 감당할 수가 없습니다. 그런데 양심은 불편하네요. 제가 드리는 헌금은 검은돈일까요, 아니면 흰 돈일까요?"

나도 고민이 되었다. 세상에는 검은돈, 흰 돈만 있는 것이 아니라 회색 돈도 아주 많았다. 그러나 성령께서 주시는 음성은 '공동체는 죄와 섞이면 안 된다'는 것이었다. 우리는 함께 기도하며 조심스럽게 교회에는 흰 돈만 헌금해야 한다고 결론을 내렸다.

　교회에는 정직하게 땀 흘려 번 돈 - 흰 돈만 드려져야지, 검은돈이나 회색 돈이 드려져서는 안 된다. 왜냐하면 공동체의 생명력은 거룩함에 있기 때문이다. 하나님은 돈이 없어서 일을 못하시는 것이 아니라, 거룩함이 없어서 일을 못하신다. 악의에 찬 누룩을 제거하라. 그럴 때 개인도 공동체도 새로운 힘을 얻게 될 것이다.

[•]downloads from heaven

신앙 때문에 행하는 모든 것에 의미를 물어보십시오. 혹시 익숙함으로 행하고 있는 것은 없습니까? 식사 기도는 어떻습니까? 매주 드리는 주일예배는 어떻습니까? '묵은 누룩'은 제거해야 합니다. 영은 '익숙한 매너리즘' 속에서는 움직이지 않습니다. 항상 처음 같은 '설렘'과 '신선함'이 영의 속성입니다. 사랑이 그런 것처럼 말입니다. 성령께서 당신의 모든 신앙 활동 위에 역사하셔서, 당신의 심장을 계속 뛰게 하시고 설레게 하시길 축복합니다. 혹시 '악한 누룩'은 어떻습니까? 죄를 허락하는 순간 우리의 영은 기능을 멈춥니다. 하나님의 임재를 거두어가십니다. 죄를 경계하십시오. 거룩함을 지키십시오. 주의 집에 거하는 축복이 당신의 것이 될 것입니다.

순전함과 진실함은 영을 활성화시킨다

고전 5:8

두 가지 누룩에 이어 바울은 누룩과 대비되는 두 가지 '떡'을 이야기하는데, 그것은 '순전함'과 '진실함'이다. 영적인 유월절, 그 새로움과 신선함을 유지하는 것은 '순전함과 진실함의 떡'이다.

> [고전 5:8] 이러므로 우리가 명절을 지키되 묵은 누룩으로도 말고 악하고 악의에 찬 누룩으로도 말고 누룩이 없이 오직 순전함과 진실함의 떡으로 하자

1. 영은 순전하다

'순전함'이란 원어로 에일리크리네이아(είλιχρίνεια)인데, 이는 "명료, 순수(섞이지 않은 것), 성실"을 뜻한다. 순전함이란 복잡하지 않고 심플한 것, 다른 의도가 없는 것이다. 섞이지 않은 단순하고 명확한 의도를 가지고 사람을 대하고 행동하는 것이다. 많은 경우 우리는 너무 복잡하다. '저 인간이 무슨 의도로 나에게 이러는 걸까?' 의심하고 곱씹는다. 세상은 순전하지 않다. 세상은 매우 복잡하고 불순하다. 잘 대해주는 것 같은데, 그 뒤에 보면 다른 의도가 숨어 있다. 아, 골치 아프다! 그냥 액

면 그대로이면 참 좋을 텐데!

그러나 영은 그렇게 복잡하고 의문스럽지 않다. 영은 순전하다. 보이는 것이 전부다. 뒤로 딴생각하거나 다른 의도를 섞지 않는다. 공동체에서는 이렇게 떡을 나누라 - 교제하라는 것이다. 그것이 공동체의 영을 살린다. 복잡하고, 어떤 의도를 품는 것은 공동체의 영적인 생명력을 죽인다. 세속 공동체가 되어버린다. 기억하라. 복잡하면 영은 죽는다. 복잡해지는 것은 '영'으로 일하지 않고 '혼'으로 뭔가 기획하고 있다는 뜻이다. 영은 항상 단순하고 직선적이다. 돌려 말하고, 돌려 일하는 것은 혼의 일이지, 영은 그렇게 움직이지 않는다. 어떤 일이 진행될 때도 그렇다. 하나님이 하시는 일은 오묘하지만 단순하고 명료하다. 복잡하고 머리를 굴려야 한다면, 이것은 인간의 혼으로 일이 진행되고 있다는 의미다.

2. 영은 진실하다

또한 진실함으로 하라고 권한다. '진실함'은 원어로 '알레데이아'(ἀλήθεια)인데, 이는 "진리, 진실, 사실, 본질"이라는 뜻이다. 다시 말해 거짓되거나 속이지 않는 것이다. 감추지 않고 정직한 것이다. 순전함과 마찬가지로 진실함 역시 영을 활성화시킨다. 감추거나 속이지 않고 정직하게 나눌 때 내 영이 울린다. 상대방에게도 성령의 감동이 있다. 그렇지 않고 의도를 가지고 감추고, 속이고 해보라. 성령의 감동(?)은 없다. 그저 볶이는 마음, 조마조마한 마음만 있을 뿐이다. 진실함이 역사하는 공동체는 그래서 영적인 힘이 있다.

순전함과 진실함은 영을 활성화한다. 개인도 그렇고 공동체도 그렇다. 한번 실험해보라. 순전함과 진실함으로 사람을 대해보라. 먼저 당신 자신의 영이 맑아지는 것을 느낄 수 있을 것이다. 해보라. 감추지 말고 정직하고 솔직하게, 다른 의도 없이 순전한 마음으로, 그렇게 사람을 대해보라. 일차적으로는 말하는 사람의 영이 맑아진다. 뿐만 아니라 듣는 사람에게도 성령의 감동이 있다.

나는 사람들을 만나고 관계를 맺을 때 인본주의적인 전략을 따르지 않으려 노력한다. 손익 계산 같은 것을 따지지 않으려 애쓴다. 대신 순전함으로, 진심을 담은 단순함으로, 감추지 않는 솔직함으로 대하려 한다. 이것이 나의 '전략'이다. 그럴 때마다 항상 성령께서 주시는 감동이 있었다. 나와 상대 모두에게 말이다. 그리고 이 감동이 그 만남을 '영적인 만남'이 되게 했다. 그럴 때 성령께서 일하시는 놀라운 돌파와 열매들을 경험하곤 했다. 물론 유혹이 있다. 손익 관계가 떠오르기도 하고, '이거 이렇게 저렇게 전략적으로 말해야 하지 않을까?' 하는 생각이 들기도 한다. 그럴 때마다 성령께서 주셨던 음성은 순전함과 진실함이다!

순전함과 진실함은 성령이 일하시는 통로다

2017년 가을, 중동 J국의 현지인 B 목사님을 만났다. 난민 사역으로 널리 알려진 영향력 있는 목사님이었다. 약속을 잡기 위해 연락하면서 염려가 되었다. '이미 많은 외국 단체들과 협업하는 분이시고, 사역도 많아 바쁜 분인데 만나는 주실까?' 하는 생각이 들었다. 성령의 감동하심이 있어 연락하면서도 반신반의했다.

가까스로 약속이 잡혔다. 1시간 정도 시간을 내실 수 있다고 해서 한국 목사님들 몇 분과 함께 찾아갔다. B 목사님은 지친 표정으로 우리를 맞으며 물으셨다.

"무슨 일로 오셨습니까?"

순간적으로 혼이 작동했다. '말을 잘해야 하는데, 여기서 실수하면 끝인데. 아차! 혼의 생각은 접어야지!' 그리고 그냥 솔직하게 대답했다.

"친구가 되고 싶어서 왔습니다."

B 목사님의 당황하는 눈빛이 보였다. 많은 사람이 사역하고 싶어서 찾아오지, 친구가 되고 싶어서 찾아오는 경우는 별로 없었기 때문이다.

"정말입니다. 친구가 되고 싶어 왔습니다."

단순하고 솔직한 대답에 B 목사님의 마음이 움직였다.

"함께 기도했으면 좋겠습니다."

한 목사님이 제안하셨다. 기도를 시작했는데, 놀랍게도 성령께서 임하셨다! 기도가 끝났을 때 B 목사님의 눈에 눈물이 고여 있었다. 하나님께서 우리를 '친구'로, '영적 가족'으로 맺어주시는 것을 모두 인식하고 있었다. 1시간으로 예정되었던 만남은 오후 시간을 넘어, 저녁 식사까지 함께하게 되었다. 그날 이후로 우리는 많은 일을 함께하게 되었고, 오늘까지 '친구'를 넘어 '가족'으로 지낸다.

그날 저녁, 성령께서 감동을 주셔서 또 다른 현지인 N 목사님을 만났다. 역시 대화는 단순하고 솔직하게 진행되었다. 돌려서 말하는 법이 없었고, 숨기는 것도 없었으며, 계산하는 것은 더욱 없었다. 기도가 시작되었고 다시 성령께서 임하셨다. 가득한 성령의 임재로 호텔 방은 울음바다가 되었고, 우리는 '친구'가 되었다. 오랜 시간이 지났어도 N 목사는 카톡으로 우리 가족의 안부를 묻는다! 그는 정말로 나의 형제다! 순전함과 진실함은 성령이 일하시는 통로다. 그것이 우리의 영을 움직이기 때문이다.

당신의 영을 새롭게 하라

그렇다고 진실하게 말하는 것과 지혜를 혼동하지는 말라. 지혜 없이 아무에게나 모든 것을 다 이야기하는 것이 영의 일이라는 말은 아니다. 예수께서도 제자들에게 나누셨던 말씀과

군중에게 나누셨던 말씀이 달랐고, 제자들 중에서도 베드로와 야고보와 요한, 이 핵심 3인과 나누셨던 말씀은 또 다르셨다.

모든 사람과 속마음을 전부 나누는 것은 미련한 일이지 영적인 일이 아니다. 순전함과 진실함이란 "의도나 손익 계산을 가지고 사람을 대하지 말라"는 뜻이지, 아무에게나 모든 말을 다 하라는 뜻은 아니다. 단순함과 정직함은 당신의 가장 강력한 영적 무기가 될 것이다.

당신의 영은 신선한가? 혹시 묵어서 썩은 냄새가 나고 있지는 않은가? '만나'는 하루만 묵어도 썩고 부패했다. 하늘의 것의 특징은 하루만 묵어도 썩는다는 것이다. 당신의 영은 매일매일 하나님과의 살아 있는 관계를 통해 새로운 활력을 공급받아야 한다.

혹시 익숙한 종교생활 속에서 영을 묵히고 있지는 않은가? 영을 새롭게 하라. 오늘도 새로운 기름 부으심이 당신의 영에 부어지기를 축복한다. 그래서 신앙생활의 모든 영역에 '마치 오늘 처음 하는 것 같은' 기쁨과 두근거림이 있기를 축복한다! 사랑은 매일을 새날로 만든다!

•downloads from heaven

단순하고 정직한 것은 영적인 능력입니다. 하나님 앞에 깊이 나가면 나갈수록 우리는 단순해집니다. 하나님이 행하실 것을 믿기에, 돌려 말하거나 뒤에서 일을 꾸밀 필요가 없습니다. 혹시 점점 복잡하게 꼬여가는 일이 있습니까? 그렇다면 '정면돌파'가 필요합니다. 그것은 단순하고 정직한 것입니다.

하나님 앞에 나가 눈을 감고 조용히 성령의 음성에 귀 기울여보십시오. 복잡하게 만드는 것들이 떠오르지 않습니까? 혼으로 붙잡고 있는 것들입니다. 하나씩 둘씩 내려놓으십시오. 믿음이 필요합니다. 내려놓으면 큰일날 것 같은 두려움이 엄습할 수도 있을 것입니다. 그러나 그것들을 내려놓을 때 비로소 우리는 순전함과 진실함의 축복 속으로 들어가게 됩니다. 순전함과 진실함은 당신의 가장 강력한 영적 무기가 될 것입니다.

영과 육의 관계

고전 6:12-20

영과 몸(육)은 따로따로 분리되어 있지 않고, 긴밀하게 연결되어 있다. 고린도전서 6장 12-20절은 영과 육의 관계에 대한 몇 가지 중요한 영적 원리를 이야기한다.

"음식은 배를 위하여 있고 배는 음식을 위하여 있다"라는 말은 당시 유대인들이 즐겨 쓰던 말로, 사람에게 본능이 있다는 뜻의 격언이다. 고린도 교인들 중에는 식욕이 몸의 본능인 것처럼, 성욕도 몸의 본능이므로 자유로이 채우는 것이 옳다고 생각하는 사람들이 있었다. 이들은 음란에 대해 관대했고, 별 문제의식 없이 집창촌도 드나들었던 것 같다. 이 때문에 바울은 고린도 교인들에게 '영과 몸'이 어떤 관계에 있는지를 가르친다.

초대교회 당시 대표적인 이단이었던 '영지주의'는 영과 몸이 완전히 분리된 것이라 믿었다. 그래서 몸으로 무슨 짓을 하든지 영과는 상관이 없다고 가르쳤다. 어차피 영은 완전하니 몸의 본능을 따라 하고 싶은 것을 마음대로 해도 괜찮다는 것이다. 이것은 영적인 원리가 아니다. 인간 안에서 영과 몸은 따로 존재할 수 없다. 영과 몸은 서로 깊게 연결되어 있다. 고린도전서 6장 12절은 이렇게 이야기한다.

[고전 6:12] 모든 것이 내게 가하나 다 유익한 것이 아니요 모든 것이 내게 가하나 내가 무엇에든지 얽매이지 아니하리라

1. 영에 유익한 것과 영에 해로운 것이 있다

몸으로 행하는 일들 중 어떤 것은 영에 유익하고, 어떤 것은 영에 해롭다. 영과 몸은 분리되어 서로 상관없이 작동하는 것이 아니라, 서로 영향을 주고받도록 연결되어 있기 때문이다. 영에는 자유가 있다. 영은 율법에 매이지 않는다. 이방 제사에 드려졌던 고기를 먹을 자유도 있고, 할례를 받지 않는다고 해서 저주를 받지도 않는다. 그러나 자유라고 해서 모든 것이 유익한 것은 아니다. 꼭 죄가 아니라고 해도 영에 그다지 유익하지 않은 행위가 있고, 반대로 행하면 영에 유익한 것도 있다.

일전에 어떤 청년이 찾아와 따지듯이 물었다.

"술 담배가 죄입니까? 성경 어디에 죄라고 나와 있나요?"

그래서 반대로 그에게 물었다.

"그러면 자네는 죄만 아니면 무엇이라도 하겠다는 말인가?"

어쩌면 우리는 하나님이 허용하시는 최대치를 찾아 하나님을 시험해보고 있는 것인지도 모른다. '어디까지 벌주지 않으시고 묵인하시나, 한 번 찔러보자!', '어이쿠. 이거 넘어가면 안 되는구나. 그러면 여기까지만!' 혹시 이것이 우리의 태도라면 다시 한번 생각해보라. 우리가 하나님을 섬기는 것은 벌받지

않는 최대치를 찾는 것인가, 아니면 최고의 것을 하나님께 드리는 것인가? 최고의 것을 하나님께 드리는 것이 '영'이라면, 벌받지 않는 최대치를 찾는 것은 '율법'이다. 율법은 영을 유익하게 하지 않는다. 죄든 아니든 관계없이 영을 유익하게 하는 것이 있고, 영을 해롭게 하는 것이 있다. 모든 것이 내게 가하나 다 유익한 것은 아니다.

2. 몸은 본능을 위해 있지 않고 주를 위해 있다
둘째, 우리 몸은 음란, 즉 본능을 위해 있는 것이 아니다.

> [고전 6:13] 음식은 배를 위하여 있고 배는 음식을 위하여 있으나 하나님은 이것 저것을 다 폐하시리라 몸은 음란을 위하여 있지 않고 오직 주를 위하여 있으며 주는 몸을 위하여 계시느니라

우리의 몸은 몸이 원하는 욕망, 육신의 본능을 만족시켜주기 위해 존재하는 것이 아니다. 하나님께서 우리에게 오감을 느낄 수 있는 몸을 주신 것은 단순히 느끼라고 주신 것이 아니다. 음식의 맛을 느끼고, 자연의 아름다움을 느끼고, 성적인 만족을 느끼라고 몸을 주신 것이 아니다. 몸은 음란을 위하여 있지 않고, 오직 주를 위하여 있다. 몸은 주님을 섬기라고 주신

것이다. 주를 섬기는 데 몸을 사용할 때, 우리 영이 강해지고 활성화된다. 그렇지 않고 우리의 몸을 음란을 위해, 몸의 즐거움만을 위해 사용하면 우리는 '육'이 된다. 영은 침체되고 육으로만, 육이 원하는 것으로만 살아가는 육적인 존재가 된다.

그렇다면 육은 중요하지 않은 것일까? 그렇지 않다. "주는 몸을 위하여 계신다"고 하신 것처럼 예수께서 우리 몸을 위해 존재하신다는 것이다. 예수께서 십자가를 지신 것은 우리의 '몸'을 멸하고 우리의 '영'만을 구원하기 위해서가 아니다. 우리의 '몸'도 함께 구원하시기 위해서다.

3. 몸의 구원

그렇다면 몸이 구원을 받는다는 것은 무슨 뜻일까? 영의 구원은 한 번에, 순식간에 일어난다. 예수를 영접하는 순간, 성령께서 우리 안에 들어오시는 그 순간, 우리의 영은 하나님 앞에서 완전하고 흠 없는 '자녀'가 된다. 영은 거기서 더 발전하지도, 달라지지도 않는다. 처음부터 완전하고 그 완전함이 영원하다. 그런 의미에서 우리의 구원은 처음부터 '완전한 구원'이다.

그러나 몸은 좀 다르다. 우리 몸은 죄로 인해 타락한 육체다. 여기서 '몸'이란 영혼육 중에 '혼과 육'을 지칭한다. 우리 뇌에서 일어나는 활동인 '혼' 역시 영이 아니라 몸의 일부다. 몸(혼과육)에는 '본능'이 있는데, 이 본능은 원래 창조된 온전한 본능이 아니라 죄로 인해 타락한 본능이다. 우리 몸은 타락한 죄악에 길들여져 있다.

우리 아들이 어렸을 때 이런 질문을 했다.

"아빠, 왜 맛있는 것은 다 몸에 안 좋아?"

그렇다. 반대로 몸에 좋은 것은 다 맛이 없다. 왜 그럴까? 길들여진 것이다. 맛있는 것이 몸에 안 좋은 게 아니라, 우리 몸이 타락한 세상을 살아가며 건강에 안 좋은 맛에 길들여진 것이다. 이렇게 악한 것에 길들여진 몸은, 구원 이후에 많은 부분에서 영과 충돌한다. 이런 몸을 가지고 하나님나라에서 영원히 사는 것은 쉽지 않다. 천국에서도 끊임없이 갈등하고 고민하고 육신의 욕구를 다스리며, 그렇게 영원히 싸워야 한다면, 그것이 천국일까, 지옥일까? 그렇다고 '몸'은 폐기 처분하고 '영'만 천국에 가느냐 하면, 그건 또 아니다. 그래서 이 땅에 사는 동안 우리가 '이루어가야 할 구원'이 있는데, 그것은 '몸의 구원'이다.

[빌 3:12] 내가 이미 얻었다 함도 아니요 온전히 이루었다 함도 아니라 오직 내가 그리스도 예수께 잡힌 바 된 그것을 잡으려고 달려가노라

우리 몸(혼과 육)의 구원은 '이미 얻은 것'도 아니고, '온전히

이루어진 것'도 아니다. 매일매일 조금씩 변화되며 '이루어가야 하는 과정'이다. 이것을 '성화'라고 한다. 이 땅에서 우리의 구원은 결국 '몸을 완전함에 이르게 하는 것'이다. 매일매일 무엇을 선택하느냐 하는 과정을 통해 우리 몸의 구원이 이루어져 간다. 그렇다면 무엇이 구원을 이루어가는 선택일까? 갈라디아서에는 육체의 소욕(욕구)을 영(성령)의 소욕에 맞추어가는 것이라고 했다.

[갈 5:16-18] 내가 이르노니 너희는 성령을 따라 행하라 그리하면 육체의 욕심을 이루지 아니하리라 육체의 소욕은 성령을 거스르고 성령은 육체를 거스르나니 이 둘이 서로 대적함으로 너희가 원하는 것을 하지 못하게 하려 함이니라 너희가 만일 성령의 인도하시는 바가 되면 율법 아래에 있지 아니하리라

타락한 육체는 그 소욕(본능)이 성령의 소욕을 거스른다. 둘이 서로 대적한다. 그래서 이 육체의 소욕을 쳐서 성령께 복종시키는 것, 성령의 인도하심을 따라가게 하는 것이 바로 몸의 구원을 이루어가는 것이다.

[고전 9:27] 내가 내 몸을 쳐 복종하게 함은 내가 남에게 전파한 후에 자신이 도리어 버림을 당할까 두려워함이로다

예수께서는 바로 이 몸의 구속을 위해 계신다.

4. 부활 : 구원의 완성

영과는 달리 몸(혼과 육)의 구원은 이 땅에서 완전함에 이를 수 없다. 몸은 '보이는 세상'에 속했고, 보이는 세상과의 관계 속에서 영향을 주고받도록 창조되었기 때문이다. 보이는 세상이 타락과 죄 가운데 있는데, 그 속에 있는 몸만 홀로 완전해지는 것은 불가능하다.

한 가지 예로, 타락하기 전 하나님께서 아담과 하와를 창조하셨을 때, 에덴의 대기는 지금과 많이 달랐다. 홍수 이전이었고, 대기오염도 없었다. 이런 환경 때문에 당시 인간은 거의 천년 가까이 살았다. 그런데 인간의 타락으로 자연도 타락(오염)하게 되었다. 이 타락한 세상 속에서 살아가는 한, 우리의 육체는, 아무리 구원을 받았다 해도, 원래 하나님이 창조하신 그 기능 - 천년 이상을 살아가는 그 기능을 발휘할 수 없다.

몸이 완전한 구원에 이르려면 자연도 함께 완전한 구원에 이르러야 한다. 그리고 언젠가는 그렇게 하실 것이다. 그 날은 새 하늘과 새 땅이 임하는 날이다. 인간의 몸이 완전한 구원에 이르기 위해서는 이것이 필요하다. 마치 KTX가 시속 300킬로미터 이상을 달릴 수 있는 성능이 있어도, 기차가 달리는 환경, 즉 철도가 받쳐주지 않으면 완전한 성능을 낼 수 없는 것과 같은 이치다. '몸의 구원'의 마지막은 반드시 온 우주가 구속함을 받는, 새 하늘과 새 땅과 함께 이루어진다. 그것이 부활체다. 이것에 관해 고린도전서 6장은 이렇게 이야기한다.

[고전 6:13,14] … 하나님은 이것저것을 다 폐하시리라 몸은 음란을 위하여 있지 않고 오직 주를 위하여 있으며 주는 몸을 위하여 계시느니라 하나님이 주를 다시 살리셨고 또한 그의 권능으로 우리를 다시 살리시리라

언젠가 하나님께서 '이것저것' - 우리의 타락한 본능과 육신의 욕망들을 다 폐하실 것이다. 그리고 그때는 이 땅도 불타 사라질 것이다.

[벧후 3:12,13] 하나님의 날이 임하기를 바라보고 간절히 사모하라 그 날에 하늘이 불에 타서 풀어지고 물질이 뜨거운 불에 녹아지려니와 우리는 그의 약속대로 의가 있는 곳인 새 하늘과 새 땅을 바라보도다

타락한 세상이 '폐하여지고' 새 하늘과 새 땅으로 구속받는 때, 우리의 육신 역시 폐하여지고, 드디어 완전한 영에 걸맞은 완전한 육신, 부활한 몸을 입게 될 것이다(고전 6:14). 그때는 지

금처럼 타락한 본능이 아니라, 하나님이 창조하신 온전한 본능을 지닌 몸을 갖게 될 것이다. 영의 욕구와 일치하는 본능을 가진 몸! 멋지지 않은가!

우리의 구원은 몸을 포함한 구원이지, 영만의 구원이 아니다. 우리는 몸을 입고 영원히 살 것이다. 우리 몸은 완전해진 모습으로 영과 함께 영원히 존재할 것이다. 썩어 없어지지 않을 것이다. 그리고 이 몸의 구원이 완성될 때까지, 부활체를 입을 때까지, 이 땅에서 우리가 이루어가야 할 구원은 그 완전함을 바라며 육신을 쳐서 성령께 복종시키는 것이다.

5. 우리 몸은 그리스도께 속했다

[고전 6:15] 너희 몸이 그리스도의 지체인 줄을 알지 못하느냐 내가 그리스도의 지체를 가지고 창녀의 지체를 만들겠느냐 결코 그럴 수 없느니라

[고전 6:19] 너희 몸은 너희가 하나님께로부터 받은 바 너희 가운데 계신 성령의 전인 줄을 알지 못하느냐 너희는 너희 자신의 것이 아니라

바울은 계속해서 영과 육의 관계에 대해 이야기한다. 우리

몸은 성령이 거하시는 전이다. 그렇기에 그리스도에게 속했다. 이 말씀은 성경 전체에서 가장 신비하고 놀라운 진리 중 하나다. 성령이 거하시는 우리의 몸이 하나님의 일부분이라는 것이다. 바울이 끊임없이 강조하고 있는 것은 '영'이 아니다. '몸'이다. 우리의 영이 하나님의 영과 합하여 하나님과 '한 영'인 것을 모르는 사람은 없다.

[고전 6:17] 주와 합하는 자는 한 영이니라

그런데 지금 문제가 되는 것은 '영'이 아니라 '몸'이다. 우리는 우리의 몸도 '하나님의 일부'라는 생각을 하지 않는다. 그래서 몸을 함부로 굴린다. 우리의 몸을 음행에 방치한다.

6. 성관계는 한 육체가 되게 한다

특별히 성적인 관계는 영과 육의 관계를 이해하는 데 중요하다.

[고전 6:16] 창녀와 합하는 자는 그와 한 몸인 줄을 알지 못하느냐 일렀으되 둘이 한 육체가 된다 하셨나니

[고전 6:18] 음행을 피하라 사람이 범하는 죄마다 몸 밖에 있거

니와 음행하는 자는 자기 몸에 죄를 범하느니라

성관계는 하나님께서 '몸의 연합'을 위해 지으신 특별하고 중요한 기능이다. 하나님 앞에서 성관계는 두 육체를 둘이 아니라 하나로 취급하게 한다. 우리는 성관계를 그저 육체적 영역에서 이해하려 하지만 그렇지 않다. 성관계에는 영적인 임팩트가 있다. 이 '몸의 행동'을 통해 두 사람이 '하나'가 되는 것이다. 영이 연결된다는 것이다. 비록 물리적으로는 두 육체이지만, 성관계를 통해 영적으로 하나가 된다. 그렇기에 성관계를 통해 한 사람 안에 있는 불법적인 영이 다른 사람에게도 영향을 미친다.

"그러면 성령께서도 성관계를 통해 다른 사람에게 영향을 미치시나요?" 그것은 아니다. 이것을 오해한 것이 성관계를 통해 구원을 얻을 수 있다고 말하는 통일교의 '피 가름' 교리다. 이는 사실이 아니다. 성령께서는 '인격적인 영'이시기에 본인의 허락이 없이는 어떠한 불법적 영향도 미치지 않으신다. 그러나 불법적인 영은 다르다. 우리는 성관계를 통해 상대방에게 역사하는 불법적인 영에게 문을 열게 된다. 그래서 바울은 그리스도의 몸을 창녀의 몸으로 만들려 하냐고 질책한다(고전 6:15).

7. 몸으로 하나님께 영광을 돌리라

[고전 6:20] 값으로 산 것이 되었으니 그런즉 너희 몸으로 하나님께 영광을 돌리라

성경은 우리에게 "몸으로 하나님께 영광을 돌리라"고 이야기한다. '영'으로 영광을 돌리는 것이 아니라 '몸'으로 영광을 돌리라는 것이다. 우리의 몸(혼과 육), 그중에서도 주로 혼으로 무엇을 선택하고 행하는가? 여기에 하나님께 돌려지는 영광이 있다. 성화는 몸(혼과 육)의 변화를 의미한다. 신앙의 성장은 '혼과 육이 성령께 복종하게 되는 것'을 의미한다. 영적 성장은 '영이 성장하는 것'이 아니라 '혼과 육'이 성숙하게 변화되는 것이다. 영적 훈련은 '영을 훈련하는 것'이 아니라 '혼과 육'을 훈련하는 것이다. 어떻게? 성령께 복종하도록!

그렇기에 우리의 영적 생활은 철저하게 '현실'에 뿌리를 내리고 있다. 우리의 육신이 살아가는 매일의 삶의 현장 속에서, 우리의 마음과 육체가 관계 맺고 있는 매일의 관계 속에서, 과연 우리는 무엇을 선택하고 무엇을 행하는가? 이것이 영적 생활이다. 그리고 이 육체의 삶, 현실의 삶을 통해 "하나님께 영광을 돌리라"는 것이다. 뿐만 아니라 그 반대도 사실이다. 영과 몸이 분리된 것이 아니고 서로 깊게 연결되어 있기에, 영을

통해 몸에 영향을 미칠 수 있다. 우리 몸이 영의 지배 아래서 잘 다스려지고 있을 때, 영에 속한 속성들이 몸에도 영향을 미친다. 질병이 초자연적으로 치유된다. 왜? 영에는 질병이 없기 때문이다! 영은 완전하기 때문이다! 영의 지배 아래서 혼이 잘 다스려질 때, 마음의 치유가 일어나며, 건강한 마음이 회복된다. 왜? 영은 완전하기 때문이다!

영의 완전한 속성이 몸 - 혼과 육에 나타나는 것이다. 이것이 '영광'이다. 영광의 히브리어 의미는 "하나님의 어떠함을 반영하는" 것이다. 우리의 몸 - 물질세계에 속한 몸이, 영과의 깊은 관계 속에서 성령의 속성을 나타낼 때 이것이 바로 '영광'이다.

바울의 고백처럼 당신의 몸을 쳐서 성령께 복종시키라. 몸의 소욕은 성령을 대적한다. 이 본능에게 지지 말라. 영에 속한 거룩하고 위대한 속성이 당신의 몸을 통해 드러나게 될 것이다.

•downloads from heaven

영적 성장은 구체적이고 현실적인 것입니다. 그것은 '매일의 일상 속에서 어떻게 성령께 순복하며 살아가는가' 하는 것입니다. 우리의 혼과 육이 성령께 순종하며 살아갈 때, 당신을 통해 하나님의 영광이 이 땅에 보여지고 나타나게 될 것입니다.

'그리스도의 몸'인 교회는 보이지 않는 '머리 되신 예수님'의 어떠하심을 보여지고 만져지도록 이 땅에 나타내는 하나님의 '영광'입니다. 성령께 순복된 교회를 통해, 세상은 하나님이 어떤 분이신지 보고 만질 수 있게 될 것입니다. 보여지고 만져지는 하나님의 몸, 멋지지 않습니까? 그것이 우리의 데스티니입니다! 몸을 통해 하나님께 영광을 돌립시다!

믿음은 보이지 않는 것을
보이는 것처럼 반응한다

고전 7:29-31

인간은 두 세계를 살아가는 존재다. 인간에게는 보이는 세계에 속한 육체가 있고, 보이지 않는 세계에 속한 영이 있다. 성경은 육신이 아니라 영을 따라 행하라고 권한다.

> [롬 8:4-6] 육신을 따르지 않고 그 영을 따라 행하는 우리에게 율법의 요구가 이루어지게 하려 하심이니라 육신을 따르는 자는 육신의 일을, 영을 따르는 자는 영의 일을 생각하나니 육신의 생각은 사망이요 영의 생각은 생명과 평안이니라

육신을 따르는 삶이 있고 영을 따르는 삶이 있다. 육(육신)을 따르는 자는 육의 일을 생각하고, 영을 따르는 자는 영의 일을 생각한다. 다시 말해 '생각'이 '육신을 따라 사는 삶'과 '영을 따라 사는 삶'을 가르는 기준이 된다. 어떤 원리에 따라 생각하느냐가 '영으로 사는 삶'과 '육으로 사는 삶'을 가른다. 육신을 따르는 삶과 영을 따르는 삶에는 각각 결과가 있는데, 육신을 따르는 삶은 그 끝이 사망이고, 영을 따르는 삶은 그 끝이 생명과 평안이다. 육이 아니라 영을 따라 살라.

스물다섯 번째 영적인 원리는 믿음에 대한 것이다. 영으로

산다는 것은 믿음으로 사는 것인데, 그것은 보이는 세상의 것에 반응하지 않고 보이지 않는 세상의 것에 반응하는 것이다. 이것이 영을 따라 살아가는 '믿음'이다.

1. 영을 따라 사는 삶과 육을 따라 사는 삶

(1) 육이 주는 정보에 따라 사는 삶

앞서 이야기했듯이 영으로 사는가, 아니면 육으로 사는가 하는 것은 '혼'에 대한 이야기다. 혼 - 우리의 '생각'이 그것을 결정한다. 몸에는 보이는 세상을 감지할 수 있는 기능들이 있다. 보고, 듣고, 냄새 맡고, 맛보고, 느낀다. 그리고 혼은 몸이 감지한 이 감각을 따라 반응한다. 감각에 가장 먼저 반응하는 것은 '감정'이고, 뒤이어 '이성'이 그 감정을 해석하고 그것에 의미를 부여한다. 그리고 마지막으로 '의지'가 그에 부합하는 '결정'을 내린다.

예를 들어 음식점에 갔다. 그런데 둘러보니 식당이 너무 지저분하다. 이상한 냄새가 나고 음식도 맛이 없다. 그러면 이 '육체의 정보'에 감정이 반응한다. "불쾌해!" 그러면 이제 이 '불쾌한 감정'에 대해 이성이 움직인다. 감정을 분석한다. "분명히 청소를 잘 안 했어. 더욱이 주방장은 음식에 대해 감이 없는 사람이군!" 그리고 이 불쾌함의 감정에 의미를 부여한다. "이 음식점은 나빠." 마지막으로 '의지'가 작동한다. "다신 오지 말아야지." 보이는 세상 속에서 '혼'이 작동하는 방식이다. 몸이 감지한 정보 - 보이는 세상에서 감지한 육의 정보가 혼으로 전해지면, 감정이 반응하고, 이성이 해석하고, 의지가 결정한다. 육신을 가진 인간은 당연히 이렇게 반응하며 살아간다. 이렇게만 살아가는 사람은 육신을 따라 사는 사람이다.

(2) 영이 주는 정보에 따라 사는 삶

인간에게는 보이는 세계를 인지하는 기능뿐 아니라 또 하나의 기능이 있다. '보이지 않는 영적인 세계'를 감지할 수 있는 기능이다. '몸'이 그런 것처럼 우리의 '영'에도 감지하는 기관이 있다. 이것으로 하나님의 말씀을 듣고, 영적인 분위기를 느끼고, 죄와 의를 감지한다. 이 '영이 주는 정보'에 당신의 '혼'은 어떻게 반응하는가? 당신의 혼은 영이 주는 정보를 육신이 주는 정보 - 오감의 정보만큼, 아니 그보다 더 실제적으로 따르고 있는가? 이것이 영을 따라 사는 것이다.

'영을 따라 산다', 혹은 '육신을 따라 산다'고 했을 때, 산다는 것은 결국 '혼'의 영역에 관한 이야기다. '혼이 무엇을 따라가느냐' 하는 것이다. '육으로 산다'고 했을 때, 그것은 아무 생각 없이 좀비처럼 육신을 움직이는 것을 의미하지 않는다. 육으로 산다는 것은 우리의 혼이 육의 정보에 반응해서, 그 정보를 따라서 느끼고 생각하고 결정하는 것을 의미한다.

다시 말하지만 '산다'는 것은 '혼'의 작용이다. 혼이 '육의 정보'를 따라 살면, 육신을 따라 사는 사람이며, '영의 정보'를 따라 살면, 영을 따라 사는 사람이다. 영을 따라 사는 삶에 대해서 고린도전서 7장은 이렇게 말한다.

[고전 7:29-31] 형제들아 내가 이 말을 하노니 그 때가 단축하여진 고로 이후부터 아내 있는 자들은 없는 자같이 하며 우는 자들은 울지 않는 자같이 하며 기쁜 자들은 기쁘지 않은 자같이 하며 매매하는 자들은 없는 자같이 하며 세상 물건을 쓰는 자들은 다 쓰지 못하는 자같이 하라 이 세상의 외형은 지나감이니라

육체가 주는 정보에 반응하며 살지 말라는 것이다. 보이는 세상이 주는 정보에 반응하지 말고, 보이지 않는 세상이 주는 정보 - 영이 주는 정보에 반응하라.

2. 염려에 기초해 살지는 않는가?

구체적으로 살펴보자. 첫째, 29절에서 바울은 "아내 있는 자들은 없는 자같이 하라"고 명한다. 이 말은 아내를 무시하라는 뜻이 아니다. 성경은 그 의미를 이렇게 설명한다.

[고전 7:32-34] 너희가 염려 없기를 원하노라 장가가지 않은 자는 주의 일을 염려하여 어찌하여야 주를 기쁘시게 할까 하되 장가간 자는 세상 일을 염려하여 어찌하여야 아내를 기쁘게 할까 하여 마음이 갈라지며 시집가지 않은 자와 처녀는 주의 일을 염려하여 몸과 영을 다 거룩하게 하려 하되 시집간 자는 세상 일을 염려하여 어찌하여야 남편을 기쁘게 할까 하느니라

이것은 '염려'에 대한 이야기다. 초대교회는 핍박의 시대였다. 핍박이 오면 온갖 염려들이 생긴다. '내가 잡혀가면 가족들은 어떻게 하지?', '혹시 아내에게 무슨 일이 생기면 어떻게 하지?' 초대교회에는 '핍박'이라는 보이는 환경이 주는 염려가 있었다. 이것에 반응하지 말라는 것이다.

초대교회 때뿐 아니라 오늘날도 마찬가지다. 보이는 상황은 온갖 종류의 '염려들'을 만들어낸다. 우리의 육은 보이는 환경에 따라 '감정' - 두려움, 초조함, 불안, 긴장으로 반응한다. 그러면 이성이 움직인다. '가만, 이거 어떻게 하지? 이러다 부도 나는 거 아니야?', '이러다 큰 병 되는 거 아니야?'라며 '이성'이 감정에 기초해 상황을 분석하고 예측하고 규정한다. "위기다!" 이성의 분석과 규정은 감정을 더욱 강화한다. 두려움이 더 큰 두려움이 되고, 불안이 더 큰 불안이 되고, 초조함이 더 큰 초조함이 된다. 이 부정적 강화의 사이클이 돌아가는 가운데 '의

지'가 결정을 내린다. "이건 빨리 처리해야 해!"

"아내 있는 자들은 없는 자같이 하라"는 것은 이렇게 보이는 상황이 주는 염려에 반응해서 살지 말라는 것이다. 염려에 반응해서 사는 것은 육으로 사는 것이다. 영으로 사는 것은 '아내가 있지만 마치 없는 것처럼, 그래서 핍박 속에서도 염려할 것이 없는 것처럼' 그렇게 사는 것이다. 염려가 있지만 마치 없는 것처럼 반응하는 것이다. 왜냐하면 보이지 않는 세계 - 영의 세계를 바라볼 때, 우리의 영은 보이는 세계에서 육이 주는 정보와는 전혀 다른 정보를 보내기 때문이다. 그곳에는 우리를 위협하는 '상황'이 아니라, 우리를 지키시는 '하나님'이 계시다!

[빌 4:6,7] 아무것도 염려하지 말고 다만 모든 일에 기도와 간구로, 너희 구할 것을 감사함으로 하나님께 아뢰라 그리하면 모든 지각에 뛰어난 하나님의 평강이 그리스도 예수 안에서 너희 마음과 생각을 지키시리라

영으로 사는 것은 보이는 상황이 주는 염려에 근거해서 느끼고 이해하고 판단하는 것이 아니라, 보이지 않지만 진리인 '하나님의 말씀', 보이지 않지만 실재하는 영의 현실 - 우리를 지키시는 '하나님', 이 진리에 근거해서 느끼고 이해하고 판단하는 것이다. 그래서 염려가 있지만 없는 듯, 그렇게 사는 것

이다. 보이는 세상의 판단으로는 큰 위기, 큰 염려가 있어 보여도, 마치 그런 것들이 전혀 없는 듯이 - 그렇게 사는 것이다. 왜? 하나님이 지키시니까! 이것이 '믿음'이다. 이 믿음으로 사는 것이 영으로 사는 것이다.

3. 감정이 반응하는 실재는 무엇인가?

[고전 7:30] 우는 자들은 울지 않는 자같이 하며 …

둘째, 바울은 "우는 자들은 울지 않는 자같이 하라"고 한다. 살다 보면 슬프거나 좌절되는 상황을 맞이할 때가 있다. 육으로 사는 사람은 이 슬프고 좌절되는 '상황'에 의해 움직인다. 그 상황으로 인해 '슬프다'고 느낀다. 바로 이 지점에 주목하라! 영으로 사는 자는 바로 이 지점에서 다르게 반응한다. 일단 '슬프다'라는 감정의 반응을 허용하고 나면, 이 감정에 근거해서 해석하고 판단하고 결정하는 일련의 과정이 자동으로 전개된다. 그렇기 때문에 바로 이 지점 - 감정이 반응하는 이 지점에서 다르게 반응하라는 것이다. 눈으로 본 것에 반응하지 말고, 믿음으로 본 것에 반응하라.

이 지점에서 밀리면 그다음 싸움이 힘들어진다. 일단 감정에서 밀리면 그다음은 걷잡을 수 없다. 이성은 우리의 감정을 정당화시키기 위해 움직일 것이고, 의지는 우리의 생각과는 다르게 작동할 것이다. 그러니 영으로 살기 위해서는 어디서 승부를 봐야 하는가? '우는 것' - 그렇다. 감정이다! 여기서 '울지 않는 자같이' 해야 한다. 어떻게? 믿음으로! 이것이 영으로 사는 것이다.

우리는 감정을 다스리는 훈련을 해야 한다. 감정은 컨트롤할 수 없는 괴물이 아니다. 사람들이 속는 포인트다. '감정이 그런 걸 어떻게 해?'라고 핑계를 대고 손을 놓는다. 아니, 그렇지 않다. 감정은 '믿음'과 '의지'에 의해 다스려질 수 있다. 진짜 '실재'가 무엇인지를 내 속에 계속 상기(remind)하라. "보이는 것이 실재가 아니라 말씀이 실재다! 보이는 이 상황이 실재가 아니라 하나님의 약속이 실재다!" 상기하고 또 상기하라.

믿음으로 선포하고, 입으로 선포하라. 우리의 혼이 이 '믿음으로 인식하는 영적 진리'를 '실재'로 인식하기 시작할 때, 우리의 감정은 그 '인식한 실재'에 의해 움직이기 시작할 것이다. 보이는 상황은 '울어야 할 상황'일지 몰라도, 우리의 혼은, 우리의 감정은 '울지 않는 자'로 반응한다. 이것이 영을 따라 사는 것이다. 그렇지 않고 육체가 지각한 것에 따라 감정이 반응하면 그것은 육신을 따라 사는 것이다.

당신은, 좀 더 구체적으로 당신의 감정은 무엇에 반응하는가? 감정이 '믿음에 반응하도록' 훈련하라. 보이는 상황에 휘둘

리지 않게 하라. 그런 의미에서 영을 따라 사는 것은 추상적이고 신비한 것이라기보다는 구체적이고 실제적인 내면의 훈련이다. 그리고 감정이 믿음에 따라 움직이도록 하는 훈련이다.

4. 기쁨을 주는 보물은 무엇인가?

[고전 7:30] … 기쁜 자들은 기쁘지 않은 자같이 하며 …

또한 "기쁜 자들은 기쁘지 않은 자같이 하라." 보이는 세상이 주는 '기쁨'이 있다. 물질적인 기쁨이다. 이 기쁨에 대해서는 '기쁘지 않은 자같이' 하라는 것이다. 도리어 영적인 세계에서는 전혀 다른 상황일 수 있기 때문이다. 우리에게는 염려, 슬픔 등 부정적인 감정을 일으키는 육체의 정보만 있는 것이 아니라, 기쁨과 즐거움을 주는 육체의 정보도 있다. 이 감정 역시 '보이는 것'에 길들여져 있다. 육의 정보를 따르는 기쁨에 당신의 감정을 내어주지 말라. 당신의 감정이 새로운 기쁨, 하늘의 기쁨에 길들게 하라.

[마 6:19,20] 너희를 위하여 보물을 땅에 쌓아 두지 말라 거기는 좀과 동록이 해하며 도둑이 구멍을 뚫고 도둑질하느니라 오직 너희를 위하여 보물을 하늘에 쌓아 두라 거기는 좀이나 동

록이 해하지 못하며 도둑이 구멍을 뚫지도 못하고 도둑질도 못
하느니라

보물 - 소중한 것, 기쁨이 되는 것은 하늘에 있어야 한다. 그
런 의미에서 영으로 산다는 것은 '가치관'에 대한 것이다. 나
의 보물은 무엇인지, 나에게 기쁨을 주는 것은 무엇인지, 내 혼
이 반응하고 혼이 길들여진 '보물'이 무엇인지에 따라 그 보물
이 '육을 따라 사는 삶'과 '영을 따라 사는 삶'을 결정한다. 당신
에게 기쁨을 주는 보물은 무엇인가? 이 땅의 것인가? 이 땅의
것에 대해서는 '기쁘지 않은 자같이' 하라. 우리의 기쁨이 땅의
것이 아니라 하늘의 것에 길들게 하라. 그것이 영으로 사는 것
이다.

5. 마음이 어디에 있는가?

[고전 7:30] … 매매하는 자들은 없는 자같이 하며

또한 "매매하는 자들은 없는 자같이 하라." '매매하는 자'의
원어적 의미는 "무언가를 구입한 자"다. 즉, 무언가를 구입한
사람은 마치 구입하지 않은 것처럼, 내 것이 아닌 것처럼 하라
는 것이다. 이 세상 물건을 살 때는 그냥 아무것도 아닌 것처

럼, 마치 자기 것이 아닌 것처럼 취급하라. 중요하게 여기지 말라. 어차피 곧 지나간다. 보이는 세상의 것들에 마음을 주지 말라. 소유한 것에 마음을 주는 순간 우리 마음은 그 소유물에 묶여버린다. 그렇지 않은가?

새 차를 샀다. 그러면 마음이 온통 새 차 생각으로 가득하지 않은가? '혹시 누가 긁고 가면 어떻게 하지?', '가죽 시트커버로 바꿔보면 어떨까?', '아! 썬팅하는 걸 잊었네!' 하며 우리 마음이 그것에 매인다. 그 결과 육으로 사는 인간 - 보이는 세상이 육체에게 주는 정보에 의해 살아가는 인간이 되어버린다. 소유물에 마음이 가는 순간에 말이다. 그러니 그것에 마음을 주지 말라. 무엇을 먹을지, 무엇을 입을지, 무엇을 소유할지 - 이런 것들에 너무 많은 시간과 노력을 기울이지 말라. 잘못하면 삶이 육에게 먹혀버린다.

[딤전 6:7,8] 우리가 세상에 아무것도 가지고 온 것이 없으매 또한 아무것도 가지고 가지 못하리니 우리가 먹을 것과 입을 것이 있은즉 족한 줄로 알 것이니라

'곧 지나갈 것들', '가져가지 못할 것들'에 당신의 마음을 주지 말라. 그냥 먹을 것, 입을 것이 있으면 족한 줄 알라. 마치 내 것이 아닌 것처럼 하라. 쿨하게! 영으로 사는 것은 세상에

보이는 것들보다 보이지 않는 것에 더 마음을 주는 것이다. 보이지 않는 것들을 더 중요하게 생각하는 것이다. 당신의 마음은 어디에 있는가? 땅에 있는가, 아니면 하늘에 있는가?

6. 의존하는 것은 무엇인가?

> [고전 7:31] 세상 물건을 쓰는 자들은 다 쓰지 못하는 자같이 하라 이 세상의 외형은 지나감이니라

마지막으로 "세상 물건을 쓰는 자들은 다 쓰지 못하는 자같이 하라." '다 쓰지 못하는 자같이 하라'에 사용된 동사 '카타크라오마이'($\kappa\alpha\tau\alpha\chi\rho\acute{\alpha}o\mu\alpha\iota$)는 "지나치게 사용하다, 잘못 사용하다, 남용하다"라는 뜻이다. 그리고 '세상 물건'이라고 번역되어 있지만, 원어에는 '물건'이라는 단어는 없고, 그냥 '코스모스'($\kappa\acute{o}\sigma\mu o\varsigma$), 즉 '세상'으로 되어 있다. 꼭 물건이 아니더라도 세상의 모든 것 - 사람이 될 수도 있고, 회사 사장이라면 고용한 직원이 될 수도 있고, 조직이 될 수도 있고, 직위가 될 수도 있다. 세상 것들에 너무 의존하지 말라는 것이다. 왜냐하면 이 세상의 외형은 지나가기 때문이다.

영으로 사는 사람은 땅의 것에 의존하지 않는다. 땅에서 유용한 것이 있어도, 그것이 아무리 강력한 것이어도 그것에 의

존하지 않는다. 돈도, 사람도, 직위도 의존하지 않는다. 사실 돈은 우리가 육을 따라 살게 만드는 강력한 도구다. 이런 것들을 '마치 없는 것처럼' 어차피 없어질 것으로 대하라는 것이다. 땅의 것을 의존하는 사람, 그것이 무엇이든 간에 땅에 속한 '세상'을 의존하는 사람은 '육신을 따라' 살게 된다. 그것이 좋은 것이든 나쁜 것이든 관계없다. 좋은 것을 의지하는 사람은 '육신을 따라 사는 착한 사람'이 되고, 나쁜 것을 의지하는 사람은 '육신을 따라 사는 나쁜 사람'이 된다.

영을 따라 사는 사람은 이 땅의 것이 아니라 '하늘의 것'을 의지한다. 비록 눈에 보이지 않아도 마치 그것이 거기 있는 것처럼! 가능성이 보이지 않아도 마치 그것이 이미 이루어진 것처럼! 가진 것이 없어도 마치 모든 것을 가진 것처럼! 아무것도 없어도 무한히 많은 자원을 소유한 것처럼! 이 믿음으로 사는 것이 영으로 사는 것이다.

'영'을 따라 사느냐, 아니면 '육신'을 따라 사느냐는 첫째, 무엇을 정말 '실재'로 인식하느냐 하는 '인식'에 대한 문제이고, 둘째, 무엇을 중요하게 생각하느냐 하는 '가치관'의 문제이며, 셋째, 무엇을 의지하느냐 하는 '의존'의 문제다. 당신은 지금 무엇을 보는가? 당신의 감정은 무엇에 의해 움직이는가? 당신의 보물은 어디에 있는가? 당신은 지금 무엇에 당신의 마음을 주는가? 당신이 의지하고 기대는 것은 무엇인가? 이 혼의 생각이 당신을 영을 따라가는 길로 인도할지, 육을 따라가는 길로 인도할지를 결정한다. 기억하라. 육을 따라가는 길은 사망이며, 영을 따라가는 길은 생명과 평안이다!

•downloads from heaven

당신의 감정은 지금 어디에 반응하고 있습니까? 보고 듣는 것에 반응하고 있지는 않습니까? 보고 듣는 것에 따라 염려하고, 슬퍼하고, 기뻐하지는 않습니까? 그것은 육을 따르는 삶입니다. 보이는 것과 들리는 것에 반응하지 말고, 하늘의 것에, 하나님의 말씀에 반응하십시오. 하늘의 것을 바라보고 평강을 누리며, 하늘의 것에 소망을 두고, 하늘의 것을 기뻐하십시오. 감정은 길들일 수 있습니다. 진리의 말씀에 당신의 감정을 길들이십시오. 당신의 감정이 다르게 반응하기 시작할 것입니다.

마음은 영을 움직이는 컨트롤 타워다

잠 4:23

아담과 하와의 타락으로 인해 인간은 보이지 않는 세계 속에 살아갈 수 있는 기능 - 영의 기능을 상실하고, '육'이 되어버렸다.

> [창 6:3] 여호와께서 이르시되 나의 영이 영원히 사람과 함께 하지 아니하리니 이는 그들이 육신이 됨이라 …

하나님의 영이 거하셔야 할 인간의 깊은 곳에, 더 이상 하나님이 거하시지 않는다. 그 결과 인간은 더 이상 '영'이 아니라, '육' - 보이는 세계에만 속한 존재가 되어버렸다. 그래서 예수께서는 '거듭나야 한다'고 말씀하신다.

> [요 3:5-7] 예수께서 대답하시되 진실로 진실로 네게 이르노니 사람이 물과 성령으로 나지 아니하면 하나님의 나라에 들어갈 수 없느니라 육으로 난 것은 육이요 영으로 난 것은 영이니 내가 네게 거듭나야 하겠다 하는 말을 놀랍게 여기지 말라

예수를 영접하는 순간, 우리는 영으로 거듭난다. 거듭난 크

리스천들의 깊은 곳에는 '성령'께서 거하신다. 따라서 크리스천은 보이는 세계에만 속한 '육적인 존재'가 아니라, 보이지 않는 세계에도 속한 '영적인 존재'다. 육을 움직여서 보이는 세계를 살아갈 수 있듯이, 영을 움직여서 보이지 않는 세계 - 영적인 세계를 살아갈 수 있다. 이것이 크리스천의 삶이다. 그렇다. 당신은 영적 세계에 속했고, 그래서 영을 움직일 수 있는 존재다. 영적 세계를 움직여라. 모든 하나님의 일에는 순서가 있다. 영이 먼저다. 영적 세계에서 먼저 변화가 일어나면, 그 변화가 이 땅에 변화를 가져온다. 먼저 영을 움직여라. 혼과 육을 움직이기에 앞서 영을 움직여라. 그렇지 않으면 육으로 사는 인생 이상은 되지 못한다.

불행하게도 우리는 오랜 세월 육으로만 살아온 존재다. 육으로 사는 것에 익숙하다. 바꿔 말하면, 영으로 사는 것에 무지하다. 그래서 육으로 살면서도 뭐가 문제인지 모른다. 영으로 살라고 하면 그게 뭔지 혼란스럽다. 영으로 사는 것이 무엇인지 혼란스러운가? 그렇다면 육으로 살고 있다는 뜻이다. '영으로 사는 경험'을 많이 하지 못했기 때문에 혼란스러운 것이다. 영으로 살아본 경험이 있는 사람은 '아! 이게 영으로 사는 거구나!' 하고 안다. 그것은 기도와 말씀이 기초가 된 삶이고, 성령의 인도하심을 분별하고 순종하여 따라가는 삶이다. 영을 따라 사는 인생이 되기를 축복한다.

그렇다면 어떻게 영을 움직일 수 있을까? 영을 움직이는 것이 있는데, 그것은 '마음'이다. 영은 주술적 행위나 은사와 같은 초월적인 어떤 것에 의해 움직이는 것이 아니다. 영은 마음에 의해 움직여진다. 그래서 잠언 4장은 이렇게 말한다.

[잠 4:23] 모든 지킬 만한 것 중에 더욱 네 마음을 지키라 생명의 근원이 이에서 남이니라

마음을 지켜야 한다. 왜? 생명의 근원이 마음이기 때문이다. 생명의 근원, 즉 영이 마음에서부터 나온다. 마음, 특별히 '의지'는 하나님이 인간에게 주신 '존재'의 컨트롤 타워다. 인간의 육체를 움직이는 컨트롤 타워가 마음이듯이, 영을 움직이는 것 역시 '마음'이다. 어떻게 마음먹느냐에 따라 영이 움직이기도 하고, 멈춰 있기도 하고, 잘못 움직이기도 한다. 그렇기에 마음이 '올바른 상태'에 있도록 마음을 지키라. 마음을 어떤 상태로 지키느냐, 즉 유지하느냐에 따라 영의 움직임이 달라진다. 영을 움직이는 마음에 대해 살펴보자.

1. 불편한 마음
첫째, '불편한 마음'이 있다. 영이 올바로 움직이기 위해서는 마음이 불편하지 않도록 지켜야 한다.

[마 5:23,24] 그러므로 예물을 제단에 드리려다가 거기서 네 형제에게 원망 들을 만한 일이 있는 것이 생각나거든 예물을 제단 앞에 두고 먼저 가서 형제와 화목하고 그 후에 와서 예물을 드리라

예물을 제단에 드리러 가는데, 마음이 불편하다. 형제에게 원망 들을 만한 일이 생각났다. 중요한 것은 이때 '생각났다'는 것이다. '생각'은 마음의 작용이다. 원망 들을 만한 일이 한두 개이겠는가? 인간은 죄인인데! 내가 모르고 한 일 때문에 누군가 나를 원망할 수도 있고, 원망하는 사람이 있지만 내가 잊어버리고 있을 수도 있고, 심지어 주차를 잘못한 것 때문에 지금 이 순간에 내 욕을 하고 있는 사람이 있을 수도 있다! 만약 '원망 들을 일' 때문에 하나님 앞에서 예배드릴 수 없다면, 우리는 어떤 예배도 드릴 수 없을 것이다.

마태복음 5장 23,24절은 이 이야기를 하는 것이 아니다. 문제는 '생각난 것'이다. '아, 그 친구, 지금 마음이 상해 있는데….' 예물 드리러 가면서도 걱정되고, 불안하고, 찜찜하다. 그러면 이런 마음으로는 제사를 드릴 수 없다는 것이다. 구약의 제사는 당연히 영적인 행위다. 다시 말해, 지금 무엇인가 '영을 움직이는 영적인 일'을 하려고 하는데, 마음에 불편함이 있는 것이다. 이 상태로는 영을 움직일 수 없다. 그래서 먼저

가서 형제와 화목하고, 그래서 마음을 풀고, 그리고 와서 제사를 드리라는 것이다. '불편한 마음'은 영을 움직이지 못하기 때문이다. '화목한 마음 - 평안한 마음'이 있어야 영을 움직일 수 있다. 그래서 부활하신 예수께서는 제자들에게 평안을 기원하셨다.

> [요 14:27] 평안을 너희에게 끼치노니 곧 나의 평안을 너희에게 주노라 내가 너희에게 주는 것은 세상이 주는 것과 같지 아니하니라 너희는 마음에 근심하지도 말고 두려워하지도 말라

마음의 근심, 두려움, 찝찝함 등의 불편함은 우리가 '혼적인 삶'을 살도록 한다. 불편함이 있으면 '혼'이 계속 돌아가기 때문이다. 찬양을 하면서도, 예배를 드리면서도, 기도를 하면서도 계속 '혼'이 돌아간다. '이거 어떻게 하지? 괜찮을까? 찝찝한데….' 마음의 불편함을 방치하지 말라. 마음을 '평안'하도록 지키라. 그렇지 않으면 혼이 우리의 삶에 요동치게 된다. 기억하라. 영은 마음을 평안하게 지킬 때 정상적으로 움직인다.

마음에 불편함이 있는가? 방치하지 말고 빨리 해결하라. 화해해야 하는 일이면 빨리 화해하라. 돌이켜야 할 일이면 빨리 돌이키라. 그럴 수 없는 성격의 일들이라면, 믿음 안에서 성령께서 주시는 '평안'을 붙잡으라. 그래야 영적인 일이 이루어질

수 있다.

2. 다하는 마음

둘째, 성경은 '다하는 마음'을 가지라고 이야기한다.

[신 4:29] 그러나 네가 거기서 네 하나님 여호와를 찾게 되리니
만일 마음을 다하고 뜻을 다하여 그를 찾으면 만나리라

[신 10:12] 이스라엘아 네 하나님 여호와께서 네게 요구하시
는 것이 무엇이냐 곧 네 하나님 여호와를 경외하여 그의 모든
도를 행하고 그를 사랑하며 마음을 다하고 뜻을 다하여 네 하
나님 여호와를 섬기고

마음을 다하고, 뜻을 다하여 찾으면 하나님을 만난다는 것
이다. 마음을 다하고 뜻을 다하는 곳에 '하나님과의 인카운터'
가 있고, 영의 세계가 움직인다. '마음'으로 움직여라. 마음이
없는데 '억지로' 하는 것은 영적으로는 별 의미가 없다. 그것은
영을 움직이지 못하기 때문이다. 영을 움직이지 못할 뿐 아니
라, 혼도 움직이지 못한다. 마음이 안 따라오는데, 그냥 몸만
움직이는 것이다. 이런 태도로 살지 말라. 하나를 해도 '마음을
담아서' 하라. 집에서 설거지를 하더라도 마음을 담고, 청소를

하더라도 마음을 다해서 하라. 특별히 주의 일을 할 때는 더욱 그리하라. 하나님을 섬기고, 교회를 섬기며, 사람을 대할 때 마음을 '다하여' 하라.

(1) 종의 멘탈

[골 3:22-24] 종들아 모든 일에 육신의 상전들에게 순종하되 사람을 기쁘게 하는 자와 같이 눈가림만 하지 말고 오직 주를 두려워하여 성실한 마음으로 하라 무슨 일을 하든지 마음을 다하여 주께 하듯 하고 사람에게 하듯 하지 말라 이는 기업의 상을 주께 받을 줄 아나니 너희는 주 그리스도를 섬기느니라

'다하는 마음'의 반대는 '종의 마음'이다. 종의 특징은 마음 없이 하는 것이다. 종이 무슨 소망이 있다고 마음을 다해서 움직이겠는가? 종은 시간만 때우면 그만이다. 종의 특징은 자발성이 없는 것이다. '시켜서' '억지로' 하는 것이다. 그런데 성경은 이 종들을 향해 "마음을 다하여 주께 하듯 하라"고 권한다. 청소 하나를 해도, 설거지 하나를 해도, 심부름 하나를 해도 마음을 다하여 하라는 것이다. 그렇게 할 때 '주께 받는 상'이 있다. '영'이 움직인다는 것이다!

그렇다. 영은 '마음을 다할 때' 움직인다. 지성이면 감천, 지

극히 마음을 다하면 하늘도 감동해서 움직인다? 이런 뜻은 아니다. 아무리 마음을 다해도, 그것이 '진리'를 향한 마음이 아니라면 하늘은 움직이지 않으니까 말이다. 그러나 반대는 맞다. 아무리 진리에 기초한 것이라 해도, 마음이 없는데 하늘이 움직이지는 않는다. 마음을 담아서 움직일 때 비로소 영이 움직이기 시작한다.

사람을 만날 때 마음을 담아서 만나라. 소그룹 모임에 참석할 때 마음을 담아서 참석하라. 예배에 나올 때 마음을 담아서 나오라. 주차 봉사를 할 때 마음을 담아서 봉사하라. 사람을 섬겨야 할 필요가 있을 때 마음을 담아서 섬겨라. 귀찮아하며 '아, 왜 또 일을 만들고 그래?' 이런 마음은 '복 빠져나가는 마음'이다. 수고는 수고대로 하는데 고기가 한 마리도 없다.

혹시 마음을 다하지 않고 행하는 일이 있는가? 억지로 행하는 일이 있는가? 직장 일이 그렇다고? 지겨운 직장생활을 어떻게 마음을 담아서 하느냐고? 그러니 직장생활이 '육의 일'을 넘어서지 못하는 것이다. 골로새서에는 심지어 '종의 일'도 마음을 담아서 하라고 하였다. "눈가림만 하지 말고 마음을 다하여 하라"고 명하셨다. 그렇게 할 때, 하찮아 보이는 종의 일, 영적인 것과는 하등의 관계도 없어 보이는 지루한 직장의 일도 영적인 일이 될 수 있다. 할렐루야! 당신은 매사에 마음을 다하고 있는가? 마음으로 움직이고 있는가? 매사에 영적인 결과를 기대하는가? 매사에 마음을 담는 건 고사하고, 주의 일을 하면서도 혹시 마음 없이 움직이고 있지는 않은가?

(2) 마음은 마음에 반응한다

함께 일하면서 가장 힘든 것은 파트너가 그 일에 '마음이 없는 경우'다. 윗사람이 시켜서 오기는 왔는데 정작 본인은 마음이 없다. 예의상, 눈치상, 관계상 오기는 왔는데 마음은 없다. 이런 경우는 참 일하기 힘들다. "그냥 관둬! 관두고 돌아가" 이 말이 목구멍까지 올라온다. 일이 되게 할 수는 있다. 이리저리 설득하고 지혜롭게 움직이면 '일이 되게' 하는 것까지는 가능할 수 있다. 참 못할 노릇이기는 하다. 그러나 일이 된다고 해서, 그것이 꼭 영적인 일은 아니다. 그래서 이런 경우 나는 웬만하면 일을 멈춘다. 내가 원하는 것은 '영적인 돌파'이고 '하나님의 지지하심'이지, 일이 되게 하는 것이 아니기 때문이다. 하나님의 지지하심이 있어야 한다. 하나님의 지지하심은 마음으로 움직일 때 주어진다.

나도 이런데 하나님은 오죽하시겠는가? 마음 없이 드리는 예배, 마음 없이 움직이는 봉사, 마음 없이 참석하는 셀 모임, 마음 없이 드려지는 헌금…. 이사야서 1장은 이렇게 말한다.

[사 1:11,12] 여호와께서 말씀하시되 너희의 무수한 제물이 내

게 무엇이 유익하뇨 나는 숫양의 번제와 살진 짐승의 기름에 배불렀고 나는 수송아지나 어린 양이나 숫염소의 피를 기뻐하지 아니하노라 너희가 내 앞에 보이러 오니 이것을 누가 너희에게 요구하였느냐 내 마당만 밟을 뿐이니라

[사 1:14] 내 마음이 너희의 월삭과 정한 절기를 싫어하나니 그것이 내게 무거운 짐이라 내가 지기에 곤비하였느니라

마음 없이 드려지는 것들에 하나님의 마음이 상하셨다. 하나님의 마음이 상하셨는데, 무슨 영적인 돌파가 있겠는가? 마음으로 움직이라. 교회를 섬기는가? 마음을 담아 섬기라. 예배를 드리는가? 마음을 담아 드려라. 직분을 맡았는가? 마음을 담아 맡으라. 헌금을 드리는가? 마음을 담아 드려라. 그럴 때 하나님의 마음도 움직이신다. 마음은 마음에 반응하기 때문이다. 하나님의 마음은 양과 소가 아니라 마음에 반응하신다.

(3) 자원하는 마음

그렇다면 '마음을 다하는 것'은 구체적으로 어떤 마음일까?

첫째, 그것은 '자원하는 마음'이다.

[고후 9:7] 각각 그 마음에 정한 대로 할 것이요 인색함으로나

억지로 하지 말지니 하나님은 즐겨 내는 자를 사랑하시느니라

마음을 다하는 것은 인색함으로나 억지로 하지 않는 것이다. 사람을 대하다보면 이 사람이 지금 정말 좋아서 이 일을 하는 것인지, 아니면 마지못해서 하는 것인지 느낄 수 있다.

예전에 초청을 받아 어떤 교회에 말씀을 전하러 갔다. 장로님 한 분이 강력히 주장하셔서 집회를 하게 되었지만 담임목사님은 집회에 대해 '자원하는 마음'이 없으셨다. 나는 아무것도 모르고 초청을 받아 갔는데 정말 가시방석이었다. 최선을 다해 집회를 섬기기는 했지만, 내 평생에 가장 힘들었던 집회였다. 하나님은 어떠실까? 마음 없이 드리는 예배, 마음 없이 드리는 봉사와 헌금에 어떤 마음이 드실까?

반대의 경우도 있었다. 지방에 있는 교회였는데, 담임목사님이 역까지 마중 나오셔서 동네 맛집으로 데려가셨다. 이것저것 먹어보라고 정성껏 권해주시는데, 마치 오랜만에 돌아온 아들 챙기듯이 하셨다. 어차피 집회 직전 식사는, 곧 말씀을 전해야 한다는 긴장 때문에 무엇을 사주시든 잘 먹지 못하지만, 그 마음의 진심이 그대로 전해져 왔다. 정말 그 교회를 축복하는 마음으로 '생명 다해' 말씀을 전했다. 그렇다. 중요한 것은 마음이다. 마음은 마음에 반응한다. 우리가 마음으로 움직일 때, 하나님의 마음은 어떠실까? 정말 생명이라도 주고 싶어 하지 않으

시겠는가? 그래서 다윗은 주께 '자원하는 심령'을 구했다.

> [시 51:12] 주의 구원의 즐거움을 내게 회복시켜주시고 자원
> 하는 심령을 주사 나를 붙드소서

이 즐거움! 자원하는 심령의 즐거움이 영을 움직이는 열쇠이자 하늘의 복을 끌어오는 비밀이라는 것을 알았기 때문이다. 당신도 다윗처럼 자원하는 심령을 사모하는 사람이 되길 축복한다.

(4) 최선을 다하는 마음

또한 마음을 다하는 것은 '최선을 다하는 마음'이다. 더 할 수 있는데 안 하는 것 - 이것은 마음을 다하는 것이 아니다. 마음을 다한다는 것은 내가 할 수 있는 '최선의 것', 아니 그 이상 하는 것을 의미한다.

내가 아끼고 사랑하는 김무열 선교사의 '아가파오 공동체'에 가보면 항상 영적인 무엇인가가 있다. 왜냐하면 하나님 앞에 '마음을 다하는 것'이 있기 때문이다. 선교사님을 보면, 정말 하나님 앞에 드릴 때 '최선의 것' 이상을 드리고자 하는 것이 보인다. 선교사님이 젊었을 때 섬기던 교회가 건축을 했다. 너무 헌금을 하고 싶었는데, 돈이 없다. 은행 대출은 이미 받을

수 있는 만큼 받아서 사업자금으로 썼고, 남은 것은 '사채'뿐이다. 그래서 사채를 빌려서 헌금을 드렸다고 한다.

아니 어떤 미친 사람이 사채를 써서 교회 건축헌금을 하는가? 말도 안 되는 이야기다. 우리 교회에서 가르치는 성경적 재정원칙에 따르면 절대로 하면 안 되는 일이다. 그 당시 초신자였던 선교사님의 미숙함이 빚어낸 황당한 일이었다. 그런데 이상하게도 김무열 선교사의 이 이야기를 들으면 내 '영' 안에 뜨거운 뭔가가 올라오는 것을 느낀다. 신학적인 옳고 그름을 떠나서 하나님께 최선의 것, 그 이상을 드리고 싶어 하는 마음 때문이다.

만약 당신의 자녀가, 당신의 사랑하는 아내가 병원비가 없어 치료를 받지 못하고 있다면? 은행 빚 아니라 사채를 써서라도 치료하려 하지 않겠는가? 김무열 선교사를 보면, 하나님을 향한 이 마음이 느껴진다. 정말 사랑해서, 주의 일이라면, 주님을 위한 일이라면, 최선의 것, 아니 그 이상을 드리고 싶어 하는 마음이 보인다. 이것이 '마음을 다하는 것' 아니겠는가?

마음을 다하는 곳에는 항상 성령님의 놀라운 임재가 있다. 왜냐하면 하나님도 그곳에 머물기를 기뻐하시기 때문이다! 당신의 마음은 어떤가? 하나님께서 머물기를 기뻐하시는 마음인가? 하나님께서 당신의 마음을 보실 때 '어? 이 녀석 봐라! 허허' 하며 더 있고 싶어 하시고, 더 주고 싶어 하시는 그 마음!

이것이 '마음을 다하는 곳'에 풀어지는 하나님의 은혜다!

(5) 순전한 마음

셋째, 다하는 마음은 '순전한 마음', 나뉘지 않은 마음이다. 하나님을 바라고, 또 다른 것도 바라고 - 이렇게 하지 않는 것이다. '나는 하나님뿐이다. 하나님 한 분이면 충분하다. 다른 거? 다 없어도 괜찮다. 하나님만 기쁘시다면 무엇이든지 할 마음이 있다!' 이 마음! 이 나뉘지 않은 마음이 '다하는 마음'이다.

당신의 마음은 어떤가? 특별히 주의 일을 할 때, 교회를 섬길 때, 주의 이름으로 누군가를 대접하거나 섬길 때, 당신의 마음은 어떤가? 다른 것이 섞이지 않은 '순전한 마음'인가? 마음을 담아서 움직이는가? 당신의 마음은 주님께서 더 머물고 싶어 하시는, '흠향하시는 제사'인가? 주께 마음 다해 드리는 하루하루가 되었으면 좋겠다! 주님의 임재가 함께하실 것이다!

[시 108:1] 하나님이여 내 마음을 정하였사오니 내가 노래하며 나의 마음을 다하여 찬양하리로다

(6) 포기하지 않는 마음

넷째, 마음을 다하는 것은 '포기하지 않는 마음'이다.

[갈 6:9] 우리가 선을 행하되 낙심하지 말지니 포기하지 아니하면 때가 이르매 거두리라

마음을 다한다는 것은 결코 포기하지 않는 것이다. 무언가를 포기할 때 보면, 마음이 다 소진되어 있다. 하나님께서 주신 약속이나 비전이라면 더더욱 그렇다. 마음이 움직이는 사람은 하나님께서 주신 것을 결코 포기하지 않는다.

(7) 성실한 마음
다섯째, 다하는 마음은 '성실한 마음'이다.

[골 3:22] 종들아 모든 일에 육신의 상전들에게 순종하되 사람을 기쁘게 하는 자와 같이 눈가림만 하지 말고 오직 주를 두려워하여 성실한 마음으로 하라

다하는 마음은 눈가림으로 일하지 않는다. 무엇을 하든 성실하게 한다. 그래서 '다하는 마음'으로 살아가는 사람은 열매가 있다.

3. 육으로 사는 인생
육의 삶을 사는 사람은 '많이 수고'하지만, 열매를 얻지 못한

다. 하나님이 주시는 축복을 누리지 못한다.

[눅 5:3-6] 예수께서 한 배에 오르시니 그 배는 시몬의 배라 육지에서 조금 떼기를 청하시고 앉으사 배에서 무리를 가르치시더니 말씀을 마치시고 시몬에게 이르시되 깊은 데로 가서 그물을 내려 고기를 잡으라 시몬이 대답하여 이르되 선생님 우리들이 밤이 새도록 수고하였으되 잡은 것이 없지마는 말씀에 의지하여 내가 그물을 내리리이다 하고 그렇게 하니 고기를 잡은 것이 심히 많아 그물이 찢어지는지라

왜 베드로는 '밤이 새도록 수고'했는데 아무 열매를 얻지 못하고, 예수님은 '한 마디'만 하셨을 뿐인데 그물이 찢어지도록 많은 열매를 얻었을까? 영과 육의 차이다. 베드로는 육의 힘으로 밤이 새도록 수고했지만, 예수께서는 육이 아니라 영으로 정확히 '명하신 것'이다. 육으로 사는 인생은 불쌍하다. 밤새 수고하지만 잡은 것이 없다. 안타깝다. 그러나 영으로 행한 일에는 '하나님의 지지하심'이 있다. 그렇기에 '열매'가 있다. 이 복을 누리길 바란다. 마음으로 움직여라. 평강의 마음, 다하는 마음으로. 이것이 당신의 삶을 영으로 사는 인생으로 인도할 것이다.

당신의 예배는 마음을 담아 드려지는 예배입니까? 오늘 만난 사람들은 마음을 담아 만나셨나요? 영을 움직이는 것은 마음입니다. 작은 일 하나에도 마음을 다해 움직이십시오. 그곳에 하나님의 지지하심과 영적인 열매가 있을 것입니다. 사람들은 겉으로 드러나는 결과를 보지만, 하나님은 마음의 중심을 보십니다. 보여지는 크기는 하나님께 별로 중요하지 않습니다. 진심을 담은 마음인가 - 하나님은 이것을 보십니다.

KAIROS

PART

3

다윗의 시간은
곧 영성이 된다

영적인 것은 하나님이 나를
알아주시는 것이다

고전 8:1-13

고린도전서 8장에는 우상에게 바친 제물을 둘러싼 논쟁이 나온다. 고대 도시들에서는 우상에게 바쳐진 제물들을 시장에 내다팔았다. 고린도교회에는 하나님을 섬기는 사람이 이 고기(제물)를 먹어도 되느냐에 대한 논쟁이 있었다.

> [고전 8:1] 우상의 제물에 대하여는 우리가 다 지식이 있는 줄을 아나 지식은 교만하게 하며 사랑은 덕을 세우나니

이 고기를 어떻게 해야 할까? 바울이 "우리가 다 지식이 있는 줄 안다"고 이야기하는 것으로 보아, 고린도교회는 이에 대한 바른 지식이 있었던 것 같다. 4-8절을 보면, 이들의 지식은 우상과 하나님에 대한 정확한 지식이었다.

> [고전 8:4-6] 그러므로 우상의 제물을 먹는 일에 대하여는 우리가 우상은 세상에 아무 것도 아니며 또한 하나님은 한 분밖에 없는 줄 아노라 비록 하늘에나 땅에나 신이라 불리는 자가 있어 많은 신과 많은 주가 있으나 그러나 우리에게는 한 하나님 곧 아버지가 계시니 만물이 그에게서 났고 우리도 그를 위

하여 있고 또한 한 주 예수 그리스도께서 계시니 만물이 그로 말미암고 우리도 그로 말미암아 있느니라

이들의 지식은 "만물이 하나님께로부터 났고, 하나님도 한 분이시니, 우상의 제물이나 그냥 고기나 같다. 그냥 먹어도 괜찮다"는 지식이었다. 이들은 우상에게 바친 고기를 먹는 데 있어 자유함이 있었다. 신학적으로 올바른 지식이었다. 그런데 1절에서 바울은 이 올바른 지식에 대해 "지식은 교만하게" 할 뿐이라고 말한다. 지식은 교만하게 하며 사랑은 덕을 세운다고 한다. 우리에게 필요한 것은 '지식'이 아니라 '사랑'이라는 것이다. 그리고 3절에서 다음과 같이 말한다.

[고전 8:3] 또 누구든지 하나님을 사랑하면 그 사람은 하나님도 알아주시느니라

1. 하나님도 알아주시느니라

영적인 것은 하나님에 대해, 영적 세계의 진리에 대해 많이 아는 것이 아니다. 오히려 영적인 것은 하나님께서 나를 알아주시는 것이다. 1-3절을 다시 읽어보라.

[고전 8:1-3] 우상의 제물에 대하여는 우리가 다 지식이 있는

줄을 아나 지식은 교만하게 하며 사랑은 덕을 세우나니 만일 누구든지 무엇을 아는 줄로 생각하면 아직도 마땅히 알 것을 알지 못하는 것이요 또 누구든지 하나님을 사랑하면 그 사람은 하나님도 알아주시느니라

정확히 이 이야기를 하고 있지 않은가? 영적인 것은 '내가 하나님에 대해 많이 아는 것'이라기보다 '하나님이 나를 알아주시는 것'이다. 여기서 알아주신다는 것은 '인정하신다'라는 의미다. 하나님이 당신에 대해 얼마나 알고 계실까? 당신은 하나님께서 알아주시는 사람인가? 하나님에 대한 당신의 지식을 자랑하기에 앞서 당신에 대한 하나님의 지식을 자랑하라. 하나님의 나라에서 인정받는 것, 그것이 영적 권위다.

지식뿐 아니라 '경험'도 마찬가지다. 신령한 경험을 많이 하면 영적인 사람이라고 생각하는데, 성경은 그렇게 이야기하지 않는다. 고린도전서 10장 1-5절을 보라.

[고전 10:1-5] 형제들아 나는 너희가 알지 못하기를 원하지 아니하노니 우리 조상들이 다 구름 아래에 있고 바다 가운데로 지나며 모세에게 속하여 다 구름과 바다에서 세례를 받고 다 같은 신령한 음식을 먹으며 다 같은 신령한 음료를 마셨으니 이는 그들을 따르는 신령한 반석으로부터 마셨으매 그 반석은

곧 그리스도시라 그러나 그들의 다수를 하나님이 기뻐하지 아니하셨으므로 그들이 광야에서 멸망을 받았느니라

출애굽한 이스라엘 백성은 수많은 이적과 기사를 경험했다. 그리고 이 이적과 기사들은 모두 하나님께로부터 온 것이었다. 그런데 5절에 하나님은 그들의 다수를 - 놀라운 이적과 기사를 경험한 그들의 대다수 - 기뻐하지 않으셨다고 말한다. 그들은 오히려 광야에서 멸망을 받았다. 민수기의 사건이다.

영적인 체험 역시 지식과 비슷하다. 영적인 체험이 많다고 영적인 사람은 아니다. 이스라엘 백성은 걸어서 홍해를 건넜고, 하늘에서 내리는 만나를 매일 먹었다. 황량한 사막에서 메추라기 고기를 먹었고, 반석에서 솟아나는 물을 마셨다. 오늘날로 이야기하면, 기적을 통해 불치병이 낫고, 초자연적인 재정의 축복을 받았으며, 누구나 들으면 깜짝 놀랄 만한 영적인 체험을 했다는 것이다. 그런데 놀랍게도 하나님께서는 그런 경험을 한 사람들 중 다수를 기뻐하지 않으셨다. 소수의 사람 외에 대다수가 하나님께서 알아주시는 사람이 아니었다. 대부분의 사람들은 오히려 하나님의 진노를 일으켰으며 하나님께서 전혀 주목하지 않으시는 군중들이었다.

2. 3M-Memory Making Moment

그들 다수는 지식과 경험을 통해 하나님이 어떤 분이신지 알았을 수 있다. 그러나 하나님이 알아주시는 사람은 아니었다. 그렇다면 하나님이 알아주시는 소수의 사람은 어떤 사람일까? 성경은 이렇게 이야기한다.

> [행 13:22] 폐하시고 다윗을 왕으로 세우시고 증언하여 이르시되 내가 이새의 아들 다윗을 만나니 내 마음에 맞는 사람이라 내 뜻을 다 이루리라 하시더니

> [시 89:20] 내가 내 종 다윗을 찾아내어 나의 거룩한 기름을 그에게 부었도다

다윗은 하나님의 마음에 합한 사람, 하나님이 알아주시는 사람이었다. 다윗에게는 하나님에 대한 지식이 아니라 '하나님을 향한 사랑'이 있었기 때문이다. 인생에는 영적으로 중요한 순간이 있다. 그것은 하나님이 나를 '인식하시는 순간'이다. 물론 하나님은 전지하시기에 모든 사람의 깊은 곳까지 다 아신다. 그러나 그 하나님께서 '어? 이 녀석 봐라! 이 녀석, 이런 녀석이었네!' 하시는 순간, 감동하시는 순간은 좀 다른 순간이다.

어떤 목사님은 이 순간을 3M - Memory Making Moment

- 이라고 표현하시던데, 우리말로 하면 '기만순 - 기억을 만드는 순간'이라고 할 수 있을까? 하여간 하나님의 기억에 뭔가 딱 각인되는 그런 순간이 있다는 것이다. 이것이 '하나님이 알아주시는 순간'이다.

물론 하나님은 사랑이시기에 우리의 어떠함과 관계없이 우리 각 사람을 아시고 사랑하신다. 그러나 이 '아심'과 '우리를 알아주신다'고 했을 때의 '아심'은 다르다. 하나님이 알아주신다는 것은 "하나님이 감격하셨다"라는 의미다. 이것이 바로 3M(기만순)이다. 영적인 사람은 하나님 앞에서 이 순간이 있었던 사람이다.

다윗에게 3M은 언제였을까? 그렇다, 골리앗! 아무도 골리앗 앞에 나서지 않았다. 모두가 큰 두려움에 사로잡혀 몸을 사리고 있다. 골리앗이 나아와 하나님을 모욕하고, 하나님의 백성을 욕보이는데 아무도 꼼짝하지 않는다. 골리앗이 주는 공포가 너무 압도적이기 때문이다. 그런데 웬 소년 하나가 씩씩거리며 앞으로 걸어나간다. '응? 저건 뭐지?' 골리앗도 당황하고 이스라엘 군대도 당황한다. 소년이 골리앗을 향해 외친다.

[삼상 17:45-47] 다윗이 블레셋 사람에게 이르되 너는 칼과 창과 단창으로 내게 나아 오거니와 나는 만군의 여호와의 이름 곧 네가 모욕하는 이스라엘 군대의 하나님의 이름으로 네게 나

아가노라 오늘 여호와께서 너를 내 손에 넘기시리니 내가 너를 쳐서 네 목을 베고 블레셋 군대의 시체를 오늘 공중의 새와 땅의 들짐승에게 주어 온 땅으로 이스라엘에 하나님이 계신 줄 알게 하겠고 또 여호와의 구원하심이 칼과 창에 있지 아니함을 이 무리에게 알게 하리라 전쟁은 여호와께 속한 것인즉 그가 너희를 우리 손에 넘기시리라

이 말씀을 들을 때 심장이 뜨겁지 않은가? 맞다. 심장이 뜨거워진다. 그런데 우리 심장만 뜨겁겠는가? 하나님의 심장은 어떠실까? 하나님의 심장도 뜨거워지셨다.

"와! 저 녀석 뭐냐?"

하나님이 옆에 천사에게 묻는다.

"저 아이 이름이 다윗 맞지?"

천사가 대답한다.

"예. 다윗 맞습니다. 사무엘을 통해 기름 부으셨던 다윗입니다."

"다윗… 음, 다윗이라…."

하나님의 기억 속에 한 이름이 깊게 새겨진다. Memory Making Moment(기만순)! 하나님께서 다윗을 알아주시는 시간의 시작이었다. (물론 하나님은 그 전부터 다윗을 알고 계셨고, 알고 계실 뿐 아니라 '선택'하셨지만, 그럼에도 불구하고) 하나님의 마음 깊

은 곳에 다윗의 이름이 새겨진 순간은 바로 이때였다. 이것이 다윗을 향한 하나님의 페이버(favor), '하나님의 지지하심'의 시작이다. '은총'으로 번역되는 페이버는 "총애" 또는 "편애"라는 뜻이다. 하나님의 마음에 깊이 새겨진 다윗에게, 다른 사람과 구별되는, 다윗만을 향한 하나님의 특별한 페이버가 부어지기 시작했다.

3. 위기를 바라보는 다른 시각

주위에서 일어나는 일들을 좀 다른 시선으로 바라보자. 골리앗은 분명 위기고 두려움이다. 잘못하면 죽는다! 그러나 이 위기가 없었다면 우리가 기억하는 다윗이 존재했을까? 다윗의 데스티니가 이루어지는 데 있어 가장 중요한 사건을 한 가지만 꼽으라면, 그것은 단연코 '골리앗 사건'이다. 골리앗 사건으로 다윗은 전 국민의 지지를 얻고, 결국 왕의 자리에 오르게 된다. 이런 관점으로 바라보면 골리앗이라는 위기가 다르게 보인다. 골리앗의 위기는 어쩌면 우리가 영적인 삶을 살 수 있게 만드는 3M(기만순)의 기회일지도 모른다. 하나님께서 우리를 기억하시게 되는 기회 말이다!

코로나19로 인해 사회가 어렵다. 개인 사업하시는 분들은 이전에 경험해보지 못한 경제 위기라는 골리앗을 마주한다. 건강에 대한 두려움 역시 또 다른 골리앗의 모습으로 우리를 위협한다. 더욱이 팬데믹(pandemic)을 통과하며 형성된 교회를 향한 세상의 반감과 분노는 우리의 상상을 뛰어넘어 교회의 생존을 위협한다. 이 땅에서 '크리스천'임을 밝히고 사는 것이 쉽지 않은 시대로 들어가는 것 같아 걱정이다. 어쩌면 우리는 한 번도 경험해본 적 없는 골리앗 앞에 서 있는지도 모르겠다. 그러나 이 위협적인 상황이 하나님께서 우리를 '알아주시는' 놀라운 축복의 기회가 되는지 어떻게 알겠는가? 아니. 분명히 그런 기회다.

3M, Memory Making Moment! 과부의 두 렙돈이 하나님의 마음을 뛰게 했듯이, 위기의 때에 드려지는 헌신은 하나님의 마음을 사로잡는다. 그리고 그것이 바로 우리가 하나님의 지지하심을 받고 페이버를 누리게 되는 비결이다.

몇 년 전 어떤 미국분의 기도를 받은 적이 있었다. 처음 만나는 분이라 나에 관한 정보는 아무것도 없었고, 심지어 내가 목사라는 것조차 모르는 분이었다. 이분이 기도하다가 한 가지 환상을 봤는데, 내가 여행을 가기 위해 기내용 가방을 반복적으로 쌌다 풀었다 하는 모습이었다(실제로 나는 비행기를 정말 많이 타고, 기내용 가방을 싸고 푸는 것은 나의 일상 중 하나다).

이분이 말씀하시길, 내가 비행기를 타고 전 세계 여러 곳을 많이 돌아다니는데, 그것은 내가 하나님 앞에서 소중한 무언가를 포기하고 아주 값진 것을 드린 것에 대한 하나님의 선물이라는 것이었다. 듣는 순간 나는 그것이 무슨 말씀인지 알았다. 20년 전 목회를 시작하면서 주님 앞에 드렸던 고백! 박사 학위를 마치고 대학에 자리를 잡는 것이 아니라 선교사로 가겠다고 했던 선택! 그 사건이 하나님의 마음에 무언가를 '기억하시게' 한 'Memory Making Moment'였던 것이다! 이 하나님의 선물(?)로 인해 나는 비행기를 정말 많이 탄다. 1년에 거의 절반은 선교지 어딘가를 방문하고 있으니 말이다!

이분의 기도를 받고 나서 내 삶 가운데 있는 하나님의 페이버가 무엇인지 확신하게 되었다. 내 삶과 사역에는 정말 하나님의 페이버가 있었다. 어떤 것은 생각만 해도 그대로 응답해 주셨고, 어떤 것은 기도한 것보다 더 크고 완전하게 이루어주셨다. 지난 20년간 사역하며 한 번도 부족함이 없었다! 또 어떤 것들은 그냥 깨달아지는 은혜도 있었다. '어? 내가 이걸 어떻게 알지?' 모르겠다. 그런데 그냥 알게 된다. 하나님의 페이버다. 인생에는 하나님의 알아주심, 페이버가 있어야 한다. 그것이 영적인 것이다.

4. 축적된 시간, 표현된 믿음

물론 다윗에게 있어 골리앗 사건은 아무 과정 없이 어느 날 갑자기 일어난 충동적인 사건은 아니었다. 영으로 살아가는 것은 어느 날 갑자기 뜬금없이 일어나는 사건이 아니다. 골리앗 앞에 나갈 때 다윗은 이렇게 고백한다.

> [삼상 17:34-36] 다윗이 사울에게 말하되 주의 종이 아버지의 양을 지킬 때에 사자나 곰이 와서 양 떼에서 새끼를 물어가면 내가 따라가서 그것을 치고 그 입에서 새끼를 건져내었고 그것이 일어나 나를 해하고자 하면 내가 그 수염을 잡고 그것을 쳐 죽였나이다 주의 종이 사자와 곰도 쳤은즉 살아 계시는 하나님의 군대를 모욕한 이 할례 받지 않은 블레셋 사람이리이까 그가 그 짐승의 하나와 같이 되리이다

(1) 다윗의 시간

골리앗 앞에 서기 전까지 다윗에게는 축적된 시간들이 있었다. 양을 지키기 위해 사자와 싸우고 곰과 싸웠던 시간들 말이다. 매일의 일상에서 벌어지는 '다윗의 시간들'이 쌓여서 골리앗 앞에 나가는 다윗으로 표출된 것이다. 그런 의미에서 하나님이 우리를 알아주시는 3M의 순간 역시 어느 날 갑자기 돌발적으로 일어나는 것이 아니다. 3M의 순간에는 매일 일상의 삶 가운데 축적된 하나님 앞에서 보낸 경건의 시간, 즉 다윗의 시간이 밑받침되어 있다.

오늘 당신은 어떤 하루를 보냈는가? 오늘 당신은 하나님과 어떻게 동행했는가? 당신은 하루하루를 어떻게 보내고 있는

가? 당신은 하루를 하나님 앞에서 어떤 시간들로 보내고 있는 가? 사자와 곰을 때려잡는 '다윗의 시간'을 보내고 있는가? 아니면 혹시 그냥 늘어져서, 아니면 세상에 팔려서 - 영과 아무 상관없는 일상을 보내고 있지는 않는가? 기억하라. 3M의 순간은 충동적으로 임하지 않는다. 매일의 일상에서 사자와 곰을 때려잡는 '다윗의 시간들'이 축적되었을 때, 비로소 골리앗의 위기가 축복의 기회로 바뀌는 페이버가 임한다.

(2) 골리앗의 시간

다윗의 축적된 시간들이 있다면, 또 한편에는 그것이 표현되는 '골리앗의 시간'이 있다. 그냥 죽을 때까지 별다른 믿음의 도전이나 표현 없이, 하루하루 어제나 오늘이나 똑같은 일상을 산다? 이것은 아니다. 영적인 여정은 절대로 이렇게 이루어져 있지 않다. 하루하루 다윗의 시간을 보내고 있다면, 반드시 특별한 순간이 온다. 하나님 앞에서 보냈던 '다윗의 시간들'을 증명하고 보여드릴 순간, '골리앗의 시간'이 말이다!

올림픽에 나가는 선수들은 매일매일 아무도 알아주지 않는 곳에서 땀과 눈물의 시간들을 보낸다. 똑같은 시간에 일어나, 똑같은 시간에 밥을 먹고, 똑같은 무게의 역기를 매일매일 들어올린다. 그것을 들어올린다고 아무도 박수쳐주지 않고, 아무도 알아주지 않는다. 그런데 왜 이런 시간을 살아낼까? 특별한 순간이 다가오기 때문이다. 모든 사람 앞에서 내가 보낸 '다윗의 시간들'이 어떤 것이었는지 보여주고 증명하는 순간 말이다! 전 세계에서 모인 수많은 '골리앗들'과 겨루어 이기는 그 골리앗의 시간이 온다. 성경은 우리 믿음의 여정이 마치 이와 같다고 이야기한다.

> [고전 9:24,25] 운동장에서 달음질하는 자들이 다 달릴지라도 오직 상을 받는 사람은 한 사람인 줄을 너희가 알지 못하느냐 너희도 상을 받도록 이와 같이 달음질하라 이기기를 다투는 자마다 모든 일에 절제하나니 그들은 썩을 승리자의 관을 얻고자 하되 우리는 썩지 아니할 것을 얻고자 하노라

매일 충실히 다윗의 시간을 보내는 이유는 언젠가 예기치 못한 때에 골리앗의 시간이 오기 때문이다. 그것은 하나님 앞에서 하나님을 향한 우리의 믿음과 사랑을 보여드리고 표현하는 순간이다. 때론 이 순간이 '골리앗의 모습'으로 찾아오기도 한다. 위협과 위기의 모습이다. 이 '골리앗의 시간'은 매일 충실히 다윗의 시간을 보낸 사람에게는 영광의 금메달을 목에 거는 3M의 순간이다. 반대로 다윗의 시간을 보내지 않은 사람들에게는 생계를 위협받는 두려움의 순간이다.

여하튼 하나님을 향한 당신의 성숙함과 신실함을 증명하고

나타내는 순간이 온다. 그 순간에 반드시 성공하라! 어떤 사람은 다윗의 시간을 정말 충실히 보내다가도, 결정적인 골리앗의 시간에 애먼 짓을 하기도 한다. 그 순간에 믿음으로 '탁' 치고 나가면 엄청난 영적 돌파가 일어날 텐데, 이게 안 된다. 두려움과 소심함 속에 뭉그적거리다가 기회를 흘려보낸다. 언제 또 이런 기회가 올지 모르는데 말이다. 아쉽다! 기회가 올 때 반드시 잡아라. 영적인 것은 침노하는 것이다. 바울의 표현에 의하면 "이기기를 다투는" 것이다(고전 9:25). 기회가 왔을 때 잡으라. 놓치지 말라. 하나님의 마음을 사로잡을 기회를 말이다!

사랑은 원래 그렇게 표현되고 그렇게 완성되는 것이다. 사람과의 사랑도 마찬가지 아닌가? 오랜 세월 어떤 사람을 사랑해서, 정말 지극정성을 다해 잘해준다. 그런데 막상 그 사랑을 고백하고 표현해야 하는 때, 그 타이밍을 놓치고 지나가면, 엉뚱한 놈이 고백해서 사랑하는 사람을 낚아채 가버리고 끝난다. 사람과의 사랑도 그것을 표현하고 고백해야 하는 순간, 즉 타이밍이 있다. 그리고 그 순간이 사랑을 완성하는 순간이다.

하나님을 향한 사랑 역시 마찬가지다. 매일 다윗의 시간을 충실히 보냈다면, 이제 골리앗의 시간이 온다. 골리앗의 시간은 결단과 반응의 시간이다. 골리앗의 시간은 긴박한 전쟁과 긴장의 시간이다. 그러나 동시에 이 시간은 '하나님을 향한 사랑을 완성하는 시간'이기도 하다.

'골리앗의 시간'에 당신은 어떻게 반응하겠는가? 이 시간을 하나님이 기억하시는 3M의 시간이 되게 하겠는가? 아니면 그냥 생존을 위해 흘려보내는 시간이 되게 하겠는가? 당신의 선택은 무엇인가? 이 선택에 따라 미래가 달라질 것이다. 하나님이 기억하시는 사람이 될지, 아니면 그냥 흘러가는 인생이 될지 말이다. 다윗이여, 골리앗을 쓰러뜨릴 그 날을 준비하라. 언제? 다윗의 시간, 그 매일의 일상에서!

•downloads from heaven

인생에는 다윗의 시간이 있고 골리앗의 시간이 있습니다. 매일의 일상을 믿음으로 충실히 살아가는 다윗의 시간이 축적되어 우리의 영성이 됩니다. 그리고 이 축적된 시간은 골리앗의 시간에 원수를 때려잡는 승리로 나타나게 됩니다. 오늘 당신은 어떤 시간을 살고 있습니까? 당신의 시간은 하나님의 마음을 사로잡는 3M입니까? 우리의 삶에 정말로 필요한 것은 하나님이 나를 기억하시는 '페이버'입니다. 하나님의 마음을 사로잡는 다윗들이 일어나기를 축복합니다.

심고 거두는 원리

고전 9:11-18

창조 때부터 하나님 안에 있는 변치 않는 질서가 있는데, 그것은 무엇을 심든지 그대로 거두는 것이다. 이것은 자연 세계에서도, 영적 세계에서도 동일하게 통용되는 원리인데, 심은 대로 거두는 공정함이 하나님의 속성이기 때문이다. 신학 용어로는 이것을 '공의'라 부른다.

> [갈 6:7] 스스로 속이지 말라 하나님은 업신여김을 받지 아니하시나니 사람이 무엇으로 심든지 그대로 거두리라

심지 않고 거두려는 사람 또는 자기가 심지 않은 것에 대해 열매를 거두려는 사람은 '스스로 속이는 사람'이거나 '하나님을 업신여기는 사람'이다. 봄에 아무것도 심지 않았으면서, 가을에 뭔가를 거두려고 밭에 나가 "어? 왜 아무것도 없어?" 하며 화를 내거나, 옆에 있는 다른 사람 밭의 열매를 거두어 간다면 어떨까? 심지도 않고 거두려 하다니, 현실 인식에 문제가 있는 '스스로 속이는 사람'이고, 아무것도 심지 않았는데도 뭔가를 거둘 수 있다고 믿으니, 하나님의 창조 질서를 무시하는 '하나님을 업신여기는 사람'이다.

오늘 우리가 맞이하고 있는 현재는, 그것이 역경이든 고난이든, 아니면 축복이든 모두 내가 심은 것에 대한 열매다. 그런데 우리는 이 사실을 너무 자주 잊는다. 그리고 '왜 이런 일이 나에게 일어나는 거야?', '저 사람은 저렇게 많은데, 왜 나는 없는 거야?' 하며 불평한다. 그때 하나님께서는 이렇게 말씀하신다. "네가 심은 그대로 거두고 있단다." 스스로 속이지 말라. 하나님은 업신여김을 받지 않으신다.

심고 거두는 원리를 '영적 실체'라는 관점에서 생각해볼 수 있다. 영적인 것에는 반드시 실체가 있다. 보이는 세계는 보이지 않는 세계의 그림자다. 서로 일대일로 매치되는 연결 관계가 있다. 그렇기에 '영적 세계에서 일어난 모든 일'은 '보이는 세계 속에서' 반드시 실체가 된다. 예를 들어 '기도'라는 영적 세계의 일을 행하면, 그것은 언젠가 반드시 보이는 세계 속에서 실체가 된다. 이것을 '기도 응답'이라고 부른다. 이것이 바로 '심고 거두는 원리'다. 기도라는 영적인 씨앗을 심으면, 기도 응답이라는 보이는 열매를 거둔다. 그런데 '기도'를 심고 '응답'을 거두는 이 원리에는 주목해야 할 몇 가지 지점이 있다.

1. 인내가 필요하다

첫째, 영적 세계에서 일어난 일과 그것이 보이는 세상 속에서 실체가 되는 것 사이에는 시차 - 딜레이(delay)가 있다. 기도하면 그 즉시 뭔가 '짠' 하고 일어나는 것이 아니다. 봄에 씨를 심고 바로 다음날 열매를 거두기 바라는 농부는 없다. 봄에 씨를 심지만, 열매는 시간이 흘러 가을이 되어야 거둘 수 있다.

영적 세계에서 일어난 일과 그것이 보이는 세계 속에서 실체가 되는 열매 사이에는 반드시 '시차 - 딜레이'가 있다. 그것이 심고 거둔다고 표현한 이유다. 이로 인해 모든 영적인 열매에 반드시 필요한 것이 '인내'다. 열매가 맺힐 때까지 포기하지 않고 기다리는 인내가 필요하다. 인내 없이 영적인 결과를 보는 경우는 없다. 성경은 이 인내를 '믿음'이라 부른다. 농부는 씨를 뿌리고 가을까지 기다린다. 바로 다음날 열매가 나오지 않는다고 포기하지 않는다. 씨를 심으면 반드시 열매가 나온다는 믿음이 있기 때문이다. 인내는 믿음에서 나온다.

2. 믿음이 필요하다

그래서 심은 것을 거두기 위해서는 '믿음'이 필요하다. 심었으면 반드시 열매가 맺힌다는 믿음, 기도했으면 반드시 이루어진다는 믿음, 이 믿음이 있어야 심은 것을 거둘 수 있다.

[약 1:6,7] 오직 믿음으로 구하고 조금도 의심하지 말라 의심하는 자는 마치 바람에 밀려 요동하는 바다 물결 같으니 이런 사람은 무엇이든지 주께 얻기를 생각하지 말라

봄에 씨를 심고 나서 '그런데 가을에 여기서 벼가 나올까?' 의심하는 농부를 본 적이 있는가? 없을 것이다. 농부는 봄에 씨를 심으면, 가을에 거둘 것을 조금도 의심하지 않는다. 그것이 자연의 원리이기 때문이다. 우리 삶 속에서 '심고 거두는 영적 원리'를 경험하려면 이 농부의 믿음이 필요하다. 기도했는가? 그러면 '조금도' 의심하지 말라. 반드시 이루어진다. 영적인 삶을 경험하는 원리는 '믿음'이다.

3. 때가 있다

셋째, 때가 있다. 사과나무는 적어도 3-5년은 지나야 열매가 나오고, 벼는 6개월 정도 지나면 곡식이 나온다. 씨앗은 그 종류에 따라 각각 열매 맺는 때가 있다. 가을에 열매가 나오는 것, 여름에 나오는 것, 1년 만에 나오는 것, 3년이나 6년은 지나야 하는 것 등 종류에 따라 각각의 때가 있다. 아무리 서둘러도 때가 아니면 열매가 맺히지 않는다.

영적인 열매를 거두는 것도 이와 같다. 씨를 심었다고 해서 우리가 원하는 때에 열매를 거두는 것이 아니다. 하나님이 정하신 때, 영적 추수의 때, 이 정확한 때가 이르렀을 때 비로소 열매를 거둔다. 따라서 영적인 실체를 보기 원한다면 영적인 분별력이 있어야 한다. 지금이 씨를 심어야 하는 때인지, 심은 것에 거름을 주고 물을 주며 가꿔야 하는 때인지, 인내하며 기다려야 하는 때인지, 아니면 열매를 거두는 추수의 때인지 분별력이 있어야 한다. 많은 경우 심고 거두지 못하는 것은 이 분별력이 없기 때문이다. 심어야 할 때는 거름 주고 물주고 딴짓하다가 거두어야 할 때는 머뭇거리며 인내한다. 이렇게 해서는 열매를 얻을 수 없다.

(1) 봄 : 심어야 할 때

자연 세계에 봄, 여름, 가을, 겨울이 있듯이 영적으로도 봄, 여름, 가을, 겨울의 계절이 있다. 봄은 씨를 '심어야 하는 때'다. 아무것도 심은 것이 없는데, 물을 주고 거름을 줘봐야 무슨 소용이 있겠는가? 심는다는 것은 무언가를 '투자'한다는 뜻이다. 기도든, 물질이든, 인생이든, 하여간 믿음을 심어야 할 때 - 믿음을 걸어야 할 때가 있다. 이때는 도전의 때다. 그렇게 심어야 나중에 열매를 거둔다. 이것이 영적인 '봄'이다.

그런데 아무것도 심지 않으면 어떻게 될까? 귀찮기도 하고 위험해 보이기도 해서 심지 않고 딴짓만 한다면? 다른 사람의 믿음에 대해 품평만 하고 있다든지, 일상적인 신앙생활의 관성에서 벗어나려 하지 않는다면? 안전지대를 벗어나려 하지 않는다면? 그러면 어떻게 될까? 당연히 가을이 되어도 거둘 것이 없다. 심지 않으면 거둘 것도 없는 것이 영적 원리다. 당신은 과거에 얼마나 심었는가? 그것이 오늘 당신이 거두고 있는 열매다. 오늘 얼마나 심고 있는가? 그것이 미래에 당신이 거둘 열매다. 미래는 우연히 주어지는 것이 아니며, 오늘 당신이 심은 것의 열매로 주어진다.

더욱이 심는 것에는 때가 있다. 아무 때나 심을 수 있는 것이 아니다. 농사도 그렇지 않은가. 심고 싶다고 아무 때나 심을 수 없다. 심어야 할 때를 놓치면, 나중에는 심고 싶어도 심을 수가 없다. 영적으로도 마찬가지다. 때가 중요하다. 다윗에게 심어야 하는 때는 '골리앗의 때'였다. 이 시간을 어영부영 흘려보냈다면 - 두려워서 흘려보내고, '누군가 하겠지' 하는 생각으로 흘려보내고, 이것저것 준비하고 챙긴다고 흘려보냈다면 다윗의 인생은 어떻게 되었을까? 골리앗의 때에 믿음을 심지 못했는데, 과연 통일왕국의 왕이라는 열매를 거둘 수 있었을까? 다시 그런 기회가 주어졌을까? 모르는 일이다. 심어야 할 때, 그때를 놓치지 말고 심으라. 믿음으로 과감하게 심으라. 그래야 열매를 거둘 수 있다.

(2) 여름 : 인내해야 할 때

심을 때가 있다면 인내해야 할 때가 있다. 영적인 '여름'이다. 이때는 인내하라. 괜히 익지도 않은 과일을 딴다고 이리저리 손을 대면, 나중에는 먹을 수 없는 과일이 되어버린다. 여름은 그냥 인내함으로 기다려야 하는 때다. '하나님의 일은 하나님의 시간에 하나님이 하신다'는 믿음으로 기다리라.

그러나 한 가지는 기억하라. 이것은 여름에 필요한 믿음이며, 봄이나 가을에는 또 다른 믿음이 있어야 한다는 사실을 말이다. 봄에는 움직여서 '심어야 할 때'다. 하나님의 일은 하나님이 하신다고 생각하며 기다릴 때가 아니다. 때를 분별하는 것이 중요하다. 분별력이 없는 사람은 꼭 반대로 한다. 기다려야 할 때 믿음(?)으로 움직이고, 움직여야 할 때는 믿음(?)으로 기다린다. 여름에 겨울옷을 입고 다니는 사람이다. 때를 분별하라. 심어야 할 때와 기다려야 할 때를 분별할 수 있어야 한다.

(3) 가을 : 추수하는 때

영적인 '가을'은 추수의 때다. 이때는 심었던 것들의 열매를 거둔다. 기쁘고 감사한 때다. 이때 역시 인내한다고 머뭇거려서는 안 된다. 부지런히 거두고 추수해야 하는 때다. 일해야 하는 때다. "어허, 하나님의 일은 하나님이 하셔!" 이건 여름이나 겨울의 때에 필요한 믿음이고, 봄과 가을에는 망설이지 말고 부지런히 일해야 한다. 그래야 열매를 풍성히 거둘 수 있다.

(4) 겨울 : 침묵해야 할 때

마지막으로 겨울도 있다. 이때는 침묵해야 하는 때다. 심는 것도 아니고, 거두는 것은 더욱 아니다. 그렇다고 인내해서 기다려야 할 소망도 보이지 않는다. 인생에는 이런 때가 있다. 풀리는 일도 없고 소망도 보이지 않는다. 그냥 묵묵히 침묵하며 하나님을 바라보아야 하는 때다. 열매보다는 하나님 자체로 우리의 시선과 관심을 집중해야 하는 때다.

비록 하나님이 행하시는 일이지만, 심고 거두는 원리를 따라 살다 보면 아무래도 이 땅에서 벌어지는 일들에 시선과 관심이 집중되기 마련이다. 그래서 때로 주님께서는 '심고 거두는 원리'에서 한 발 벗어나, 오직 하나님께만 시선을 고정하게 하심으로 우리의 마음을 지키신다. 이때는 이 땅에서의 일들에 관심을 끊고 오직 하나님만, 하나님의 얼굴만 바라보아야 한다. 심고 거두는 원리는 이 때를 분별하는 지혜가 필요하다.

4. 영적인 것을 심고 보이는 열매를 거둔다

심고 거두는 원리의 네 번째 속성이 있다.

> [고전 9:11] 우리가 너희에게 신령한 것을 뿌렸은즉 너희의 육적인 것을 거두기로 과하다 하겠느냐

이 원리는 좀 독특하다. 영적인 것을 심으면 '보이는 세계의 열매를 얻는다'는 것이다. 그 반대도 성립하는데, 보이는 세계의 어떤 것을 심으면 영적인 열매를 얻는다는 것이다. '어? 정

말?'이라고 생각할지 모르지만, 곰곰이 생각해보면 당연한 원리이기도 하다.

예를 들어 '기도'라는 영적인 씨를 심었다. 그러면 '기도 응답'이라는 보이는 세계의 열매를 얻는다. 우리는 기도와 기도 응답이라는 '심고 거두는 원리'를 통해 이미 '영적인 것을 심고 육체의 것을 거두는 원리'를 알고 있다. 기도뿐 아니라 다른 영적인 씨앗도 마찬가지다. 하나님나라를 위한 '헌신'으로 드려진 모든 '영적인 씨앗'들은 '눈에 보이는 열매'들을 거두게 될 것이다. 바울은 이렇게 말한다.

[고전 9:13,14] 성전의 일을 하는 이들은 성전에서 나는 것을 먹으며 제단에서 섬기는 이들은 제단과 함께 나누는 것을 너희가 알지 못하느냐 이와 같이 주께서도 복음 전하는 자들이 복음으로 말미암아 살리라 명하셨느니라

주의 나라와 의를 먼저 구할 때 먹을 것, 마실 것, 입을 것 - 보이는 세상을 살아가는 데 필요한 모든 것들을 하나님께서 공급하신다고 약속하셨다.

[마 6:33] 그런즉 너희는 먼저 그의 나라와 그의 의를 구하라 그리하면 이 모든 것을 너희에게 더하시리라

심고 거두는 원리! 먼저 그의 나라와 의를 구하는 영적 씨앗을 심으면, 먹고사는 이 땅의 모든 열매는 저절로 거두게 될 것이다. 흥미로운 것은 그 반대도 성립한다는 사실이다. 이 '반대의 경우'는 성경에서 직접 언급하고 있지 않아 조금 조심스럽지만, 유추해보면 충분히 알 수 있는 원리다. 그것은 보이는 세계의 어떤 것을 '믿음'과 '헌신'으로 심으면, 영적인 열매를 얻게 된다는 것이다.

대표적인 것이 주께 드리는 헌금이다. 초대교회 성도들이 사도들의 발 앞에 헌금했을 때, 이들에게 그 열매로 더 많은 재정의 축복이 부어졌다는 말씀은 어디에도 없다. 이들은 후에 부자가 된 것이 아니라, 사도가 되고 영적인 리더들이 되었다.

[행 4:36,37] 구브로에서 난 레위족 사람이 있으니 이름은 요셉이라 사도들이 일컬어 바나바라 (번역하면 위로의 아들이라) 하니 그가 밭이 있으매 팔아 그 값을 가지고 사도들의 발 앞에 두니라

물론 이 헌금과 함께 드려지는 '그의 나라와 의를 구하는 믿음'이 영적인 씨앗이기에, 그에 해당하는 '보이는 열매'가 있겠지만, 어찌되었든 헌금을 드리는 것 자체는 '보이는 씨앗'이다. 그리고 그 '보이는 씨앗'의 열매는, 바나바에게서 볼 수 있듯

이, '영적 권위'를 얻게 되는 축복 - 영적으로 성숙하고, 하나님의 지지하심을 받아 권위가 주어지는 '영적인 축복'으로 주어졌다. 이것이 심고 거두는 원리다.

과거 우리가 실수했던 것 중에 하나가 '보이는 것을 믿음으로 심으면 보이는 것을 열매로 거둔다'라는 생각이었다. 헌금을 드리면 60배, 100배의 물질로 축복하신다는 생각 말이다. 그것이 기독교를 '돈 놓고 돈 먹는' 천박한 종교로 만들었다. '기복신앙'이라는 말도 듣게 되었다. 그것은 '심고 거두는 원리'에 대한 오해다. '무엇을 심고 무엇을 거두는가'에 대한 이해가 함께 있어야 한다.

'신령한 것을 뿌리고, 육체의 것을 거둔다'는 바울의 이야기를 잘 곱씹어보라. 영적인 것을 심으면 보이는 열매를 얻고, 보이는 씨앗을 심으면 영적인 열매를 얻게 될 것이다. 영적인 축복을 원하는가? 그렇다면 보이는 것을 믿음으로 심으라! 보이는 세계의 열매를 원하는가? 영적인 것을 심으라. 영적인 것에 투자하라. 보이는 열매는 자연스러운 결과로 주어질 것이다.

5. 하늘 상급

마지막 다섯 번째 원리가 있다. 18절이다.

[고전 9:18] 그런즉 내 상이 무엇이냐 내가 복음을 전할 때에

값없이 전하고 복음으로 말미암아 내게 있는 권리를 다 쓰지 아니하는 이것이로다

심은 자는 열매를 거둔다. 그리고 심은 자에게는 그 열매를 취할 권리가 있다. 그런데 그 열매, 특히 보이는 세계의 열매를 자신의 것으로 취하지 않으면 어떻게 될까? 그러면 그것이 영적인 세계, 하늘의 상이 된다! 이것이 바울이 이야기하는 '심고 거두는 원리'의 진짜 비밀이다! 우리가 하나님께 드리는 기도, 물질, 헌신, 시간과 열정, 하나님께 드리는 이 모든 것은 영적 씨앗이다. 심는 것이다. 그러면 하나님께서 일종의 '교환권'을 주신다. 권리를 보장하는 교환권인데, 그것으로 그 열매를 이 땅에서 취하거나, 아니면 후에 하늘에서 누리는 상급으로 받을 수 있다. 그래서 바울은, "내가 심은 것이니 당연히 그 열매를 땅에서 취할 수 있는 '권리'가 있지만 그것을 사용하지 않겠다. 왜냐하면 나중에 하늘에서 상급을 누릴 거거든!" 이 고백을 하는 것이다. 이것이 심고 거두는 원리의 비밀이다!

하늘의 상급을 원하는가? 그렇다면 이 땅에서의 권리를 포기하라. 권리를 사용한다고 죄는 아니다. 어찌 보면 내가 심은 것의 열매이기에 그 열매를 취하는 것은 당연한 권리다. 그러나 그 권리를 사용한다면 하늘에서의 상급은 없다. 하늘 통장의 것을 미리 다 인출하여 이 땅에서 사용해버렸기 때문이다.

주의 나라를 위해 심으면, 무언가를 드리면, 이 땅에서 주어지는 하나님의 축복이 분명히 있다. 이 땅에서 열매를 거두게 하신다. 우리는 그것을 취할 권리가 있다. 그러나 비밀은, 영원한 하늘의 복을 위해서 그 권리를 사용하지 않는 것이다! 이것이 진짜 크리스천의 진면모다. 하늘 통장에 많이 쌓아두라.

•downloads from heaven

당신의 오늘은 당신이 어제 심었던 것의 열매이며, 당신의 내일은 당신이 오늘 심은 것의 열매입니다. 무엇을 심고 계십니까? 그것이 당신의 미래입니다. 혹시 심었는데 아무 열매가 보이지 않습니까? 여름입니다. 인내하십시오. 하나님께서 믿음의 열매를 보게 하실 것입니다.

십자가의
영적 원리

막 13:1,2

영적 원리의 핵심에 '십자가'가 있다. 잠시 고린도전서에서 벗어나 마가복음을 통해 십자가가 전해주는 영적 원리들을 살펴보자.

1. 성전이 무너질 것이다

> [막 13:1,2] 예수께서 성전에서 나가실 때에 제자 중 하나가 이르되 선생님이여 보소서 이 돌들이 어떠하며 이 건물들이 어떠하니이까 예수께서 이르시되 네가 이 큰 건물들을 보느냐 돌 하나도 돌 위에 남지 않고 다 무너뜨려지리라 하시니라

어마어마한 성전을 눈앞에서 본 제자들이 예수께 말했다.

"선생님, 저 어마어마한 성전 좀 보세요! 대단하지요? 어떻게 생각하십니까?"

예수께서 대답하셨다.

"대단해 보이지? 저거, 다 무너질 거야. 돌 하나도 돌 위에 남지 않고 전부 다!"

"으잉? 이 어마어마한 성전이 다 무너진다고요?"

도대체 무슨 말씀을 하시는 건지 제자들이 뜨악했다. 그런데 예수께서는 태연하게 말씀하신다.

"어마어마해 보이는 성전? 다 무너져 없어질 거야!"

성전은 십자가에서 죽으실 예수님의 몸을 상징했다.

[요 2:19] 예수께서 대답하여 이르시되 너희가 이 성전을 헐라 내가 사흘 동안에 일으키리라

십자가가 전해주는 첫 번째 영적 원리는 '무너짐'이다. 보이는 세계의 것은 모두 언젠가는 무너진다. 그 어떤 것도 영원하지 않다. 아무리 대단하고 아무리 위대한 것이라도 예외는 없다. 심지어 하나님의 성전조차 무너짐을 피할 수 없었고, 하나님의 아들이신 예수 그리스도의 육체도 십자가에서 무너졌다. 무너지지 않고 영원한 것은 보이지 않는 세계에 속한 것뿐이다.

[고후 4:18] 우리가 주목하는 것은 보이는 것이 아니요 보이지 않는 것이니 보이는 것은 잠깐이요 보이지 않는 것은 영원함이라

구약시대 유대인들에게 가장 영원할 것 같은 것 한 가지를

꼽으라고 한다면 그것은 당연히 '성전'이었다. 성전은 '하나님이 계신 곳'이다. 그러니까 성전은 절대로 무너질 리 없다고 믿었다. 그러나 이 '절대적인 성전'조차 무너짐을 피할 수 없었다. 왜냐하면 그것은 보이지 않는 세계에 속한 것이 아니라 보이는 세계에 속한 것이었기 때문이다. 실체가 아니라 그림자였기 때문이다.

> [히 8:5] 그들이 섬기는 것은 하늘에 있는 것의 모형과 그림자라 모세가 장막을 지으려 할 때에 지시하심을 얻음과 같으니 이르시되 삼가 모든 것을 산에서 네게 보이던 본을 따라 지으라 하셨느니라

> [히 9:24] 그리스도께서는 참 것의 그림자인 손으로 만든 성소에 들어가지 아니하시고 바로 그 하늘에 들어가사 이제 우리를 위하여 하나님 앞에 나타나시고

아무리 크고 위대해 보여도, 성전은 하늘에 있는 실체가 아니라 이 땅에 속한 그림자다. 그림자의 특징은 때가 되면 사라진다는 것이다. 해가 떨어지면 그림자는 사라진다. 그림자는 영원하지 않다. 성전뿐 아니라 보이는 세계의 모든 것이 그렇다.

가치 있다고 믿는 것들, 의미 있다고 생각하는 것들, 영원할 것처럼 보이는 크고 위대한 모든 것들이 언젠가는 무너진다. 심지어 우리의 육체까지도 무너진다. 그래서 하나님은 우리가 보이는 것에 가치를 두고, 보이는 것에 묶이는 것을 기뻐하지 않으신다. 영원한 존재인 우리가 사라질 것에 마음을 두는 것이 합당하지 않기 때문이다.

그러나 사람들은 '보는 것'에 묶인다. 으리으리한 성전을 보며 감탄한다. 보이는 크기와 규모에 압도된다. 보이는 크기와 규모로 그 의미와 중요성을 결정한다. 오! 위대하고 중요한 성전이여! 성전의 본질인 '하늘에 있는 실체'는 보지 못한 채, 보이는 것에 묶여버린다. 그 결과 그림자로 주신 '보이는 성전'이 실체인 '하늘의 성전'을 대신해버린다. 보이는 것이 아무리 위대해 보여도 그것에 가치를 두지 말라. 보이는 것이 아무리 가치 있어 보여도 그것에 묶이지 말라. 우리는 보이는 세상에만 속한 존재가 아니라, 영원한 세상에 속한 영적인 존재다. 진짜 가치 있고 중요한 것 - 영원한 것을 바라보라.

이것이 예수의 십자가가 보여주는 첫 번째 진리다. 예수는 무엇과도 바꿀 수 없고, 무엇보다 소중해 보이는 '육신의 몸'을 십자가에서 무너뜨리셨다. 그리고 그것이 육신의 생명보다 더 소중한 가치가 있다는 것을 보여주셨다. 비록 눈에 보이지 않지만, 하늘에 속한 더 소중하고 가치 있는 것이 있기에, 눈에 보이는 가치를 과감히 허무시고 하늘의 것을 취하셨다. 그것은 하나님의 뜻을 온전히 이루는 것, 즉 '하나님의 뜻에 순종하는 것'이었다. 예수께서는 이것이 눈에 보이는 가장 소중한 가치인 육신의 몸보다 더 소중했다.

> [요 4:31-34] 그 사이에 제자들이 청하여 이르되 랍비여 잡수소서 이르시되 내게는 너희가 알지 못하는 먹을 양식이 있느니라 제자들이 서로 말하되 누가 잡수실 것을 갖다 드렸는가 하니 예수께서 이르시되 나의 양식은 나를 보내신 이의 뜻을 행하며 그의 일을 온전히 이루는 이것이니라

나를 보내신 이의 뜻을 행하며 그의 일을 온전히 이루는, 이 '영원한 가치'를 위해, 이 땅에서 가장 소중하고 가장 가치 있는 것이라도 버리는 것 - 이것이 십자가다.

예수께서 달리신 십자가를 바라볼 때, 우리는 이 세상의 가치와는 전혀 다른 가치를 보게 된다. 이 땅의 것으로는 다 설명할 수 없고, 육신의 눈으로는 다 이해할 수 없는 하늘에 속한 가치를 보게 된다. 그것은 성전이 무너져야만 보게 되는 가치다. 그래서 때로 하나님께서는 우리가 '우러러보며 의지하는' 성전을 허물기도 하신다. 그림자는 그만 보고 진짜를 보라고 하신다. 오늘 혹시 당신의 삶 속에 무너진 성전이 있다면, 그것

은 이제 그만 그림자에서 눈을 돌려 영원한 본체를 보라는 하나님의 메시지가 아닐까?

[요 6:63] 살리는 것은 영이니 육은 무익하니라 내가 너희에게 이른 말은 영이요 생명이라

2. 대속의 원리

십자가의 두 번째 영적 원리는 '대속의 원리'다.

(1) 죄에는 반드시 결과가 있다

죄에는 결과가 있다. 죄는 반드시 부정적인 결과를 만들어낸다. 파괴, 고통, 무질서…. 이것은 모두 '하나님과 반대되는 어둠의 속성들'이다. 하나님은 질서의 하나님이시다. 창세기 1장에 기록된 창조의 과정을 보라. 창조의 과정은 '혼돈하고 공허하며 흑암 가운데 있는 세상'에 질서를 부여하시는 과정이었다. 빛과 어둠을 나누어 정리하시고, 물과 궁창을 나누시고, 또 뭍과 바다를 나누셨다. 모두 질서를 갖추어 가는 모습이다. '질서'는 하나님의 속성이다. 그래서 하나님을 따르는 결과는 '질서'다. 반면 하나님을 떠난 죄의 결과는 '무질서'다.

하나님의 또 다른 속성은 '기쁨'이다. 반대로 하나님을 떠난 죄의 결과는 '고통'이다. 하나님의 속성은 사랑으로 인한 '연합'

이다. 반대로 하나님을 떠난 죄의 결과는 '분열과 파괴'다. 죄는 언제나 이런 부정적인 결과를 낳는다.

(2) 죗값 보존의 원리

고통과 파괴라는 죄의 결과에는 중요한 속성이 있다. '죄의 결과는 절대 저절로 소멸되지 않는다'는 것이다. 마치 물리학의 '에너지 보존의 법칙'처럼, '죗값 보존의 법칙'이 있다. 그것은 죄로 인해 만들어진 부정적인 결과들 - 고통과 파괴와 무질서 등과 같은 '부정적 에너지'는 반드시 누군가 그에 상응하는 고통을 겪음으로 값을 치러야만 사라진다는 것이다. 내 죗값을 내가 치를 수도 있고, 다른 사람이 치를 수도 있다. 반대로 다른 사람의 죗값을 그가 치를 수도 있고, 내가 치를 수도 있다. 이도 저도 아니면 당장은 눈에 보이지 않아도 그것이 모이고 쌓여서 우리가 겪는 고통스러운 환경을 만들어내거나, 역사를 따라 흘러가서 후손들이 고통을 겪게 되기도 한다.

하여간 '죗값 에너지 - 죄로 인해 만들어지는 부정적인 파괴와 고통'은 누군가 그 값을 겪어냄으로 그 에너지를 상쇄시키지 않는 한 절대 저절로 사라지지 않는다. 죄는 '죗값 보존의 법칙'을 충실하게 따른다. 하나님의 공의로운 속성 때문에 그렇다. 심은 대로 거두는 것이 공의이고 질서다. 죄를 심었는데 아무 결과가 없다고? 이것은 공의로운 하나님의 속성과 맞지 않는다. 그래서 죄에는 반드시 그 결과가 있다.

(3) 대속의 십자가

이것이 바로 십자가의 원리다. 아담과 하와 이후 온 인류가 죄를 지었다. 하나님의 질서에서 벗어나 각자의 욕심과 본능을 선택하며 살았다. 그 안에 당신도 있다. 셀 수 없이 저질러진 죄들 그리고 그것이 만들어낸 고통과 파괴와 무질서가 우리 삶을 휘감고 있다. 이로 인해 인간은 절대로, 절대로 행복할 수 없다. 이 죄의 결과에서 벗어날 수도 없다. 그런데 그 죄의 소용돌이 한가운데로 하나님께서 오셨다. 예수께서 오셨다. 왜? 그 육신을 무너뜨리시려고! 우리를 억누르며 우리의 삶을 찌르는 죗값 - 고통과 파괴의 저주를 예수께서 그 몸으로 막아서신 것이다. "누군가 감당해야 한다고? 내가 감당할 것이다! 누군가 고통과 파멸을 겪어야 한다고? 내가 겪을 것이다!" 십자가에서 그 육신으로 고통과 파멸의 철퇴를 다 받아내셨다. 십자가에서 그 육신을 무너뜨리심으로 모든 저주를 소멸시키셨다. 이것이 바로 십자가다!

[사 53:4-6] 그는 실로 우리의 질고를 지고 우리의 슬픔을 당하였거늘 우리는 생각하기를 그는 징벌을 받아 하나님께 맞으며 고난을 당한다 하였노라 그가 찔림은 우리의 허물 때문이요

그가 상함은 우리의 죄악 때문이라 그가 징계를 받으므로 우리는 평화를 누리고 그가 채찍에 맞으므로 우리는 나음을 받았도다 우리는 다 양 같아서 그릇 행하여 각기 제 길로 갔거늘 여호와께서는 우리 모두의 죄악을 그에게 담당시키셨도다

우리의 모든 죄와 허물 그리고 그로 인한 고통과 파괴의 저주를 예수께서 십자가에서 모두 담당하셨다. 이 고통이 내 죄로 인한 것인지, 다른 사람의 죄로 인한 것인지, 아니면 우리의 죄로 인한 것인지, 이도 저도 아니면 조상들로 인한 것인지 - 구분하고 따질 필요도 없다. 예수께서 십자가를 지심으로 죄의 모든 결과를 완전히 소멸하셨다. 그렇기에 십자가에는 능력이 있다. 죄를 사하고 죄의 저주를 벗겨내는 능력, 고통과 파괴의 사슬을 끊어내는 능력, 죄가 만들어낸 모든 굴레를 파쇄하는 능력이 있다! 이것이 십자가다. 할렐루야!

[롬 8:1,2] 그러므로 이제 그리스도 예수 안에 있는 자에게는 결코 정죄함이 없나니 이는 그리스도 예수 안에 있는 생명의 성령의 법이 죄와 사망의 법에서 너를 해방하였음이라

우리는 자유케 되었다. 예수 그리스도의 십자가로 인해 죄와 저주에서 해방되었다. 당신은 자유다! 예수 앞으로 나오라!

십자가 앞으로 나오라! 해방을 받으라! 어떤 문제든 괜찮다. 내 죄든, 다른 사람의 죄든, 부모의 죄든, 조상의 죄든, 모르는 사람의 죄든 - 죄의 결과로 인한 고통이 있다면, 예수 앞으로 나오라. 십자가에는 죄를 소멸하는 해방의 능력이 있다.

*downloads from heaven

당신의 모든 죄와 고통을 상쇄하는 능력이 십자가에 있습니다. 당신을 괴롭게 하는 고통과 저주가 있습니까? 십자가로 가지고 나가십시오. 당신을 괴롭게 하는 질병이 있습니까? 십자가로 가지고 나가십시오. 예수께서 십자가에서 그 육신을 무너뜨리심으로 여러분을 향한 모든 고통과 저주를 상쇄하셨습니다. 할렐루야!

영은 사역의 결과나
영적 체험과 다를 수 있다

고전 9:27-10:5

영적인 원리는 하나님께로부터 '들어야' 한다. 땅에 속한 우리 육신의 생각으로 아무리 연구해봐야 알 수도, 깨달을 수도 없다. 그래서 기독교를 '계시의 종교', '말씀의 종교'라고 부른다. 하나님께서 말씀해주시지 않으면 인간 스스로 결코 깨달을 수 없기 때문이다.

구약의 율법들을 생각해보라. 절기제나 낙헌제에서 소나 양을 드릴 때는 고운 가루 1/10 에바에 기름 1/4 힌을 섞어서 드려야 한다. 그러나 다른 제사를 드릴 때는 숫양이면 고운 가루 2/10 에바에 기름 1/3 힌을, 화목제로 드릴 때는 수송아지에 고운 가루 3/10 에바에 기름 1/2 힌을 드린다. 이거 참 기억하기도 힘들다. 왜 낙헌제에는 1/10에 1/4를 더해야 하고, 다른 제사는 2/10에 1/3를 더해야 하고, 화목제는 3/10에 1/2를 더해야 하는지 아는가? 모른다. 연구한다고 알 수 있을까? 온 지구의 석학들이 다 모여 100년을 연구한들 죽었다가 깨어나도 발견하지 못한다.

율법은 하나님께서 말씀하시는 것을 '듣기 전'에는 죽었다가 깨어나도 스스로는 발견할 수 없는 성질의 것들이다. 어느 날 문득 그런 생각이 들었다. '하나님께서는 왜 이런 식으로 율법을 정하셨을까? 간단하게 해주시지….' 그러다가 깨달았다. '아! 영적인 진리가 어떤 성질의 것인지를 알려주시기 위해서 구나!' 맞다. 영적 세계, 보이지 않는 세계의 질서는 이 땅의 육신으로 연구해서는 알 수 없는 성질의 것들이다. 유일한 길은 '듣는 것'이다. 하나님께로부터 들어야 한다. 그것이 영적인 진리를 알게 되는 유일한 길이다. "쉐마 이스라엘!"(들으라 이스라엘!)

서른 번째 원리는 '겉으로 보이는 열매'나 '영적인 체험'이 있다고 해서 반드시 하나님이 기뻐하시는 하나님의 사람은 아니라는 것이다. 사도 바울이 이야기한다.

[고전 9:27] 내가 내 몸을 쳐 복종하게 함은 내가 남에게 전파한 후에 자신이 도리어 버림을 당할까 두려워함이로다

겉으로 보이는 사역의 열매가 많아도 나는 버림을 당할 수 있다. 전도를 많이 했어도 나는 영적인 사람이 아닐 수 있다. 헌금을 많이 해도 그것이 곧 영적인 것은 아닐 수 있다. 목사나 선교사로 평생을 살아도 그것과 영적인 것이 꼭 일치하지는 않는다. 겉으로 보이는 것들에 속지 말라. 영적인 것은 겉으로 드러나는 모양이나 결과와 꼭 일치하지 않을 수 있다. 영적인

체험도 마찬가지다.

[고전 10:1-5] 형제들아 나는 너희가 알지 못하기를 원하지 아니하노니 우리 조상들이 다 구름 아래에 있고 바다 가운데로 지나며 모세에게 속하여 다 구름과 바다에서 세례를 받고 다 같은 신령한 음식을 먹으며 다 같은 신령한 음료를 마셨으니 이는 그들을 따르는 신령한 반석으로부터 마셨으매 그 반석은 곧 그리스도시라 그러나 그들의 다수를 하나님이 기뻐하지 아니하셨으므로 그들이 광야에서 멸망을 받았느니라

이스라엘 백성은 걸어서 홍해를 건넜고, 하늘에서 내려오는 만나를 먹었다. 메추라기가 몰려와 음식이 되었고, 바위에서 물이 솟아났다. 하나님께서 행하시는 수많은 기적을 체험했다. 그런데 하나님이 그들의 다수를 기뻐하지 않으셨고, 그들은 광야에서 멸망했다.

영적인 체험을 한 것과 그 사람 자체가 영적인 것은 다르다. 체험이 많다고 꼭 영적인 것은 아니며, 반대로 보이는 체험이 없다고 영적이 아닌 것도 아니다. 육체의 눈에 익숙한 우리는 '보이는 것'에 속는다. 겉으로 보이는 '종교적인 것'을 '영적인 것'으로 오해한다. 종교적인 것과 영적인 것은 다르다. 병을 고치고 기적을 일으키는 놀라운 능력을 행하지만, 영적으로는

어린아이인 사람을 만나게 되어도 놀라지 말라. 예언하면서 욕을 하거나 놀라운 집회를 인도하면서 뒤로는 간음을 저지르는 사람을 본다고 해도 실망하지 말라. 겉으로 보여지는 것과 그 사람의 영성은 다른 것이다.

그렇다면 진짜 영적인 것은 무엇일까? 이어지는 고린도전서 10장 6-13절에서 그것을 이야기한다.

*downloads from heaven

하늘의 것은 하나님께 듣지 않고서는 알 수 없습니다. 오늘도 하나님의 말씀을 듣고 있습니까? 하나님의 말씀에 귀 기울이십시오. 하나님께 듣는 것이 참된 영성으로 인도할 것입니다.

어려움 앞에서의 반응이
영성을 결정한다

고전 10:6 - 13

영성은 보이는 열매나 능력이 아니라, '어려움 앞에서의 반응'을 보고 알 수 있다. 억울한 일을 당했을 때 당신은 어떤 반응을 보이는가? 부당한 핍박 앞에서 당신은 어떤 반응을 보이며, 오랫동안 소원했던 일이 좌절될 때 당신은 어떤 반응을 보이는가? 이것이 당신의 영성을 보여주는 지표다.

고린도전서 10장 6-13절 말씀의 배경은 민수기다. 출애굽한 이스라엘 백성 앞에는 여러 가지 어려움과 시험들이 있었다. 수백만 명이 광야로 나왔는데, 먹을 것도 마땅치 않았다. 만나를 주셨지만, 그것도 하루이틀이지 40년을 먹으려니 질렸다. 더욱 심각한 것은 물이다. 이 많은 사람이 마실 물을 광야 어디에서 구한단 말인가! 먹을 것, 마실 것, 질병의 위험, 육체의 필요, 감당할 수 없는 욕망들, 앞날에 대한 불안…. 더욱 실망스러운 것은 약속의 땅에 가보니, 적은 강대해 보인다. 마음이 볶였다. 하루도 평안할 날이 없다. 매일이 어려움의 연속이다. 이런 상황이 이스라엘 백성을 시험 들게 했다.

어려움 또는 시험 앞에서의 '반응'이 영적인 운명을 결정한다. '반응'이라는 단어에 주목하라. 주어진 환경 - 특별히 내 마음에 들지 않는 상황에 대해 어떻게 반응하는가? 이것이 우리의 영성, 즉 우리가 얼마나 영적인 사람인가를 결정한다. 그리고 이 영성이 우리의 운명 - 하나님 앞에서의 미래를 결정한다. 하나님이 약속하신 축복을 받을 것인지, 아니면 광야에서 멸망하여 죽을 것인지. 다시 말하면, 지금 주어진 환경 - 어려움과 시련 앞에서 당신이 '어떻게 반응하는지'를 잘 관찰하면, 1년 뒤, 5년 뒤 당신이 영적으로 어떤 삶을 살고 있을지를 알 수 있다는 것이다. 불행하게도 이스라엘 백성들은 어려움 앞에서 '잘못 반응함'으로 말미암아 광야에서 멸망하고 말았다.

[고전 10:5,6] 그러나 그들의 다수를 하나님이 기뻐하지 아니하셨으므로 그들이 광야에서 멸망을 받았느니라 이러한 일은 우리의 본보기가 되어 우리로 하여금 그들이 악을 즐겨한 것같이 즐겨하는 자가 되지 않게 하려 함이니

불행하게도 이들은 상황에 잘못 반응했고, 결국 우리의 반면교사가 되었다.

1. 두려움과 불안에 대한 반응

이들이 보인 잘못된 반응은 무엇인가? 7절이다.

[고전 10:7] 그들 가운데 어떤 사람들과 같이 너희는 우상숭배

하는 자가 되지 말라 기록된 바 백성이 앉아서 먹고 마시며 일어나서 뛰논다 함과 같으니라

'두려움 또는 불안'에 대한 반응이다. 당신은 두려움과 불안에 어떻게 반응하는가? 이것이 영성이다. 이것이 우리의 영적 운명 - 하나님 앞에서 어떤 미래를 살 것인지를 결정한다. 두려움과 불안 앞에서 이스라엘 백성들이 보여준 잘못된 반응은 '우상숭배'였다. 불안한 상황 앞에 섰다. 물도 양식도 없는 광야, 지켜줄 안전장치도 하나 없다. 언제 사나운 짐승이 튀어나올지, 어떤 적이 공격해 올지, 한 치 앞도 예측할 수 없는 두렵고 불안한 상황이다. 그래서 백성들은 계속 모세를 볶는다. 그러던 어느 날 모세가 사라진다. 하나님을 만난다고 시내 산에 올라가서는 몇 날이 지나도 내려오지 않는다.

[출 32:1] 백성이 모세가 산에서 내려옴이 더딤을 보고 모여 백성이 아론에게 이르러 말하되 일어나라 우리를 위하여 우리를 인도할 신을 만들라 이 모세 곧 우리를 애굽 땅에서 인도하여 낸 사람은 어찌 되었는지 알지 못함이니라

이 상황 속에서 이스라엘은 우상을 찾게 되었다. 두려움과 불안은 우리로 하여금 우상을 찾게 한다. 이 두려움 속에서 나

를 지켜주고 인도해줄 신 - 돈, 사람, 종교를 찾는다. 두려움과 불안에 대한 '잘못된 반응'이다. 출애굽한 이스라엘 백성이 그랬던 것처럼 두려움과 불안은 오늘날 우리에게도 매일의 일상이다.

하루라도 아무 두려움이나 불안함 없이 산 날이 있는가? 믿음으로 그렇게 살 수는 있지만, 실제 환경은 어떤가? 재정에 대한 불안, 건강에 대한 불안, 자녀들로 인한 불안, 코로나19로 인한 불안…. 이 두려움과 불안에 대해 당신은 어떻게 반응하는가? 이 반응이 곧 당신의 영성이며, 이 반응에 의해 당신의 영적인 미래가 결정된다.

2. 육체의 욕구에 대한 반응

두 번째 잘못된 반응의 본보기는 8절이다.

[고전 10:8] 그들 중의 어떤 사람들이 음행하다가 하루에 이만 삼천 명이 죽었나니 우리는 그들과 같이 음행하지 말자

우리 육체에는 욕망이라는 본능이 있다. 배가 고프면 발동하는 식욕, 물건을 보면 올라오는 물욕, 사람들에게 인정받고 싶어 하는 명예욕, 성적인 욕구인 성욕까지 다양한 욕망이 있다. 이런 욕구들이 모두 잘못된 것은 아니다. 그것은 몸에 속한

자연스러운 기능이다. 그러나 이런 욕구들에 어떻게 '반응'하느냐는 우리의 선택이다. 예를 들어 배가 고프면 식욕이 올라온다. 그것은 우리의 선택이 아니다. 육신에 영양분이 필요하다는 신호일 뿐이다. 그러나 그 식욕을 따라 먹을지 말지 결정하는 반응은 우리의 선택이다. 그리고 이 선택에 따라 뚱뚱한 내가 될 것인지, 아니면 날씬한 내가 될 것이지, 우리의 미래가 달라진다.

8절에서 이야기하는 '음행'이란, 꼭 음행뿐만이 아니라 다른 육체의 욕구들에도 적용된다. 우리는 타락한 육체의 욕구를 모두 따라서는 안 된다. 우리는 육이 보내는 신호 - 본능이 아니라 영의 지배를 따라야 한다. 영이 육체의 욕구를 다스리는 사람은 영적인 사람이고, 육체가 의지를 지배하는 사람은 육적인 사람이다. 예수님은 광야에서 마귀에게 시험받으실 때 이 원리를 보여주셨다.

[마 4:4] 예수께서 대답하여 이르시되 기록되었으되 사람이 떡으로만 살 것이 아니요 하나님의 입으로부터 나오는 모든 말씀으로 살 것이라 하였느니라 하시니

육체의 욕구 앞에서도 '하나님의 말씀'을 선택하는 것 - 이것이 영적인 반응이다. 우리가 수도 없이 넘어지는 것이 바로 이

지점이 아닌가? 하나님의 말씀도 알고, 영적인 원리도 안다. 다 안다. 그러나 육체의 욕구가 일어나면 어떤가? 말씀이고 원리고 다 모르겠고, 그냥 본능에 충실하지는 않는가? 그럴 때 영적인 미래는 어떻게 될까? 하루에 이만 삼천 명이 죽었다. 당신이 본능에 대해 어떻게 반응하는지 잘 살펴보라. 그것이 당신 영성의 현주소다. 그리고 미래다.

3. 하나님이 허락하신 일이 내 생각과 다를 때

이어지는 9절과 10절은 구체적인 문제를 이야기한다.

(1) 환경에 대해서

[고전 10:9] 그들 가운데 어떤 사람들이 주를 시험하다가 뱀에게 멸망하였나니 우리는 그들과 같이 시험하지 말자

이 본문의 배경은 민수기 21장의 불뱀 사건이다. 백성들은 먹고 마시는 문제로 하나님을 시험한다.

[민 21:4-6] 백성이 호르 산에서 출발하여 홍해 길을 따라 에돔 땅을 우회하려 하였다가 길로 말미암아 백성의 마음이 상하니라 백성이 하나님과 모세를 향하여 원망하되 어찌하여 우리

를 애굽에서 인도해 내어 이 광야에서 죽게 하는가 이 곳에는 먹을 것도 없고 물도 없도다 우리 마음이 이 하찮은 음식을 싫어하노라 하매 여호와께서 불뱀들을 백성 중에 보내어 백성을 물게 하시므로 이스라엘 백성 중에 죽은 자가 많은지라

백성들이 홍해 길로 인해 마음이 상했다. 이들은 원래 에돔을 가로질러 '왕의 대로'로 가려 했다. 그런데 에돔 왕이 허락해주지 않았다. 할 수 없이 에돔 땅을 우회하여 홍해 길로 가고 있다. 이 길은 가보지 않은 사람은 모른다. 요르단에서 이 홍해 길을 돌아본 적이 있는데, 이건 정말 길이 아니다. 너무 험하다. 이 길을 보자 백성들의 마음이 상한 것이다. "아, 하나님이 저 길로 가게 해주셨으면 되잖아? 왜 그렇게 안 해주시고는 여기서 이 고생을 하게 하셔?" 이 뜻이다. 하나님에 대해 마음이 상하자, 5절에서 하나님이 주신 만나에 대해 '이 하찮은 음식'이라고 폄하한다. 단순히 길 때문에 마음이 상한 것이 아니라, 그 길을 허락하신 하나님에 대해 마음이 상한 것임을 알 수 있다.

바울은 이것을 그들이 '하나님을 시험한다'라고 말한다. 마음이 상할 때 나오는 반응은 '원망'이다. 먹을 것도 없고, 물도 없다고 한다! 먹을 것이 없다고? '만나'가 있지 않은가! 그런데 없단다. 그리고 "이 하찮은 음식을 싫어하노라!"라고 한다. 참

싸가지가 없다. 당신은 하나님이 허락하신 일이 내 생각과 다를 때 어떻게 반응하는가? 혹시 마음이 상하지 않는가? 그래서 하나님을 향해 원망하지는 않는가? "아, 이렇게 하셨으면 되잖아요? 그건 왜 안 해주셔서는 오늘 이 어려움을 겪게 하십니까?" 이 반응! 이것이 영성을 말해준다. '하나님이 허락하신 일이 내 생각, 내 원함과 다를 때' 여기에 대한 반응이 나의 영성의 현주소다.

오랫동안 기도해왔던 일의 결과가 당신의 기대와 전혀 다를 때 당신의 마음은 어떤가? 마음이 상하지 않는가? '왜 홍해 길을 가게 하시는 거야? 왕의 대로가 있는데!' 이 마음을 그대로 방치하면 어떻게 되는지 아는가? 하나님이 주신 만나를 '이 하찮은 음식'이라고 멸시하게 된다. 하나님을 시험하게 된다.

(2) 사람에 대해서
환경뿐 아니라 사람에 대해서도 그렇다.

> [고전 10:10] 그들 가운데 어떤 사람들이 원망하다가 멸망시키는 자에게 멸망하였나니 너희는 그들과 같이 원망하지 말라

고라가 모세와 아론을 향해 원망하며 반역했다. 고라는 하나님께 직접 삿대질을 하거나 원망하지는 않았다. 모세에 대

해, 사람에 대해 원망했을 뿐이다. 그러나 이 원망의 근원에는 결국 '그 사람을 세우신 하나님'에 대한 원망이 있다. 하나님이 세우신 사람이 내 마음에 들지 않는 것이다. 직장 상사가 마음에 들지 않는다고? 그 사람을 당신의 상사로 허락하신 분이 하나님이다. 부모가 마음에 들지 않는다고? 당신을 그 부모에게서 태어나게 하신 분이 하나님이다. 소그룹 리더가 마음에 들지 않는다고? 하나님은 실수가 없으시다.

[롬 13:1,2] 각 사람은 위에 있는 권세들에게 복종하라 권세는 하나님으로부터 나지 않음이 없나니 모든 권세는 다 하나님께서 정하신 바라 그러므로 권세를 거스르는 자는 하나님의 명을 거스름이니 거스르는 자들은 심판을 자취하리라

사람에 대한 원망은 그 사람을 만들고 세우신 하나님에 대한 원망과 다름없다. 그렇기 때문에 사람에 대한 '반응', 특히 마음에 들지 않는 사람에 대한 반응이 바로 당신의 영성을 말해준다.

마음을 지켜라. 내 생각과 다르다고? '하나님의 계획이 있으시겠지! 나는 다 이해할 수 없어도 그것이 최선이니까 그리로 가라 하셨겠지!' 왜 저런 사람을 내 위에 두셨느냐고? '이유가 있으니까 두셨겠지!' 감사하라. 원치 않는 결과 앞에서 마음이

상하는 것이 아니라 오히려 겸손해지고 부드러워지는 것, 이것이 바로 영성이다. 당신의 입에서 원망을 제하라. 마음에서 원망을 제하라. 그것이 우리의 영적인 미래를 결정한다.

4. 올바른 반응
잘못된 반응들은 우리의 영을 죽인다. 이런 반응을 할 때마다 우리의 영이 조금씩 무디어져 간다는 사실을 기억하라. 그렇다면 어떻게 반응해야 하는가? 영을 살리는 반응은 무엇일까?

(1) 겸손히 깨어 있으라

[고전 10:12] 그런즉 선 줄로 생각하는 자는 넘어질까 조심하라

첫째, 겸손히 깨어 있으라. 겸손하다는 것은 '내가 아니라 하나님이 옳으시다'라는 사실을 늘 기억하는 것이다. '내가 반드시 옳다'라고 '선 줄로 생각하지' 않는 것이다. 내 생각과 다른 결과를 맞이할 때는 '혹시라도 실수하고 넘어지지 않을까?' 살피고 조심하라. 마음에 들지 않는 상황이 와도 바로 원망으로 반응하는 것이 아니라, 하나님의 옳으심을 기억하라. 나는 틀렸을 수 있다. 조심하고 깨어 있으라. 이 태도가 영성이고, 이것이 복 있는 미래를 결정한다.

(2) 하나님을 신뢰하라

[고전 10:13] 사람이 감당할 시험밖에는 너희가 당한 것이 없
나니 오직 하나님은 미쁘사 너희가 감당하지 못할 시험 당함을
허락하지 아니하시고 시험 당할 즈음에 또한 피할 길을 내사
너희로 능히 감당하게 하시느니라

둘째, 하나님을 신뢰하는 것이다. '하나님은 미쁘셔!', '좋으
시고 선하셔!', '하나님은 감당할 시험만 주셔!', '피할 길이 반
드시 있어!' 이것을 믿고 신뢰하는 것이다. 어떤 상황이 와도
- 왕의 대로가 막히고 홍해 길로 가야 해도! 믿었던 모든 것이
무너져 보이고, 지도자와 리더들이 못 미더워 보여도 말이다.
여전히 하나님에 대한 믿음과 신뢰로 '반응'하는 것이다. 이것
이 영성이다. 이 믿음으로 반응할 때, 하나님께서는 반드시 축
복하신다. 그것이 영적인 원리다!

혹시 홍해 길을 걷고 있는가? 그렇다면 입술을 조심하라. 입
술이 당신의 영적 미래를 결정할 수 있다. 혹시 당신 위에 세우
신 '모세'가 못 미더워 보이는가? 직장 상사가, 선생님이, 교회
장로님이, 목사님이 못 미더워 보이는가? 하나님이 그 사람을
당신 위에 두신 것을 기억하라. 하나님은 선하시고 실수가 없
으시다는 사실을 믿으라. 그 믿음이 당신의 미래를 결정한다.

영성은 믿음에서 나며, 믿음은 하나님을 신뢰하는 것입니다. 어떤 경우에도 하나님은 실수가 없으시다는 사실을 신뢰하는 것입니다. 원망과 불평은 육에 속한 반응입니다. 반역은 말할 것도 없이 육에 속한 반응입니다. 혹시 이해할 수 없는 상황 가운데 계십니까? 영으로 선택하십시오. 그 '선택'이 당신의 미래를 결정할 것입니다.

전통에 대한 영적 원리

고전 11:1-19

고린도전서 11장은 전통에 관한 이야기다. 바리새인들의 전통에서 볼 수 있듯이, 전통은 많은 경우 복음과 대립되지만, 그렇다고 모든 전통이 잘못된 것은 아니다. 서른두 번째 원리는 '전통과 복음'에 대한 것이다.

전통의 사전적 정의는 "역사적으로 전승된 물질문화, 사고와 행위양식, 사람이나 사건에 대한 인상, 갖가지 상징군"이다. 사회나 교회뿐 아니라, 가족이나 직장 심지어 개인의 삶 속에도 전통이 있다. 오랜 시간 반복하다보니 당연하다고 생각하게 되는 어떤 행위, 방식, 의식, 사고(생각), 상징, 사람이나 사건에 대한 판단기준 같은 것들이 모두 '전통'이다.

고린도전서 11장에 의하면, 당시 유대인들은 여자는 머리를 길게 길러야 하고 공예배 때는 반드시 수건으로 머리를 가려야 한다는 전통을 지켰다. 그런데 고린도교회 안에 이 전통을 꼭 지켜야 하느냐에 대한 논쟁이 있었다. '그리스도인에게 자유가 있는데, 여자가 꼭 수건을 써야 합니까?'라고 생각하는 사람들이 있었던 것 같다. 이것은 좀 더 본질적으로는 '전통과 복음이 무슨 상관이 있는가?'에 대한 논쟁이었다. 이 논쟁에 대해 바울은 지켜야 할 전통은 지키라고 권했다.

[고전 11:2] 너희가 모든 일에 나를 기억하고 또 내가 너희에게 전하여 준 대로 그 전통을 너희가 지키므로 너희를 칭찬하노라

1. 전통과 의식은 영성을 담는 그릇이다

바리새인의 전통에서 볼 수 있듯이, 전통에는 영적인 것을 율법으로 대체할 수 있는 위험이 있다. 그러나 모든 전통이나 의식이 영적인 것을 방해하는 것은 아니다. 오히려 아무런 전통이나 의식이 없다면 우리의 신앙생활은 그야말로 난장판이 될 수도 있다.

예를 들어 예배 의식을 생각해보자. 전통이나 의식이 필요 없다고 생각해서, 모든 예배 의식을 다 폐해버리면 어떻게 될까? 어떤 사람은 기도를 먼저 해야 한다, 어떤 사람은 예배하러 모였으면 먼저 같이 먹어야 한다, 어떤 사람은 성경을 읽어야 한다, 어떤 사람은 의자에 앉으면 안 된다고 말하면 함께 드리는 예배가 불가능할 것이다.

물론 어떤 예배의 형식들은 영과 부딪치기도 하지만, 그렇다고 모든 전통과 의식을 폐해버리면 그 결과는 무질서한 난장판이 될 것이다. 영은 질서 속에서 움직이지, 무질서 속에서 자유함을 누리는 것이 아니다. 그런 의미에서 전통 또는 의식은 '영성을 담는 그릇'이라 볼 수 있다. 그릇이 없다면 물을 담을 수 없어 다 쏟아지듯, 영도 그렇다.

개인적으로도 마찬가지다. 매일 아침 일정한 시간에 일어나 말씀을 읽고 기도하는 '전통'을 생각해보라(개인적 전통은 '습관'이라 부른다). 이 전통(습관)이 있어야 '영성'이 담기지, 그렇지 않고 아무런 형식 없이, 기도하고 싶을 때 기도하고, 하기 싫으면 안 하고 - 이런 사람이 영성을 유지할 수 있을까? 당연히 불가능하다. 그런 의미에서 전통 또는 의식은 '영성을 담는 그릇'이다.

2. 영을 위해 지켜야 할 전통, 버려야 할 전통

그러나 동시에 바리새인과 서기관들의 율법에서 보듯이, 전통은 때로 영을 대체하고 가로막는 방해물이 되기도 한다. 그렇다면 어떤 전통이 지켜야 할 좋은 전통이고, 어떤 전통이 영을 방해하고 거스르는 전통일까? 이것은 그 전통이 어떤 전통이냐에 달린 것이 아니라, 사람들이 그 전통을 어떻게 '인식'하느냐에 달렸다. 사람들의 인식이 어떠한가에 따라, 같은 전통이 좋은 전통이 될 수도 있고, 나쁜 전통이 될 수도 있다. 그리고 이 인식은 그 시대와 사회가 가지고 있는 '문화'와 깊게 연결되어 있다.

예를 들어, 앞서 살펴본 '여자가 머리에 수건을 쓰는 문제'를 생각해보자. 초대교회 당시 헬라 문화권에서는 오직 매춘부만이 머리를 가리지 않았다. 이 문화로 인해 사람들은 머리에 수건을 쓰지 않은 여자를 '매춘부, 또는 성적으로 문제가 있는 여인'이라고 인식했다. 그런 상황에서 공 예배 때 여자가 수건을 쓰지 않고 나오면 어떤 일이 벌어질까? 그것을 인식하는 사람들의 마음이 편치 않았을 것이다. 그런데 시대가 바뀌고 그에 따라 문화도 바뀌었다. 문화가 바뀜으로 그것을 바라보는 사람들의 인식도 바뀐다. 수건을 쓰지 않은 여인에 대해 아무도 이상하게 여기지 않는 시대가 되었다면 어떨까? 굳이 공 예배에 수건을 써야 하는 전통을 지킬 이유는 없을 것이다.

이렇듯, 긍정적이었던 전통도 시대와 문화가 바뀜에 따라 영적인 삶을 방해하는 율법이 될 수 있고, 반대로 부정적이었던 전통도 시대와 문화가 바뀜에 따라 별문제가 안 될 수도 있다. 바리새인들의 율법이 그렇지 않은가? 처음부터 나쁜 것이 아니었다. 하나님의 말씀을 철저히 지키자는 좋은 의도에서 시작되었다. 그런데 시간이 흐르면서 그 내용은 사라지고 형식만 강조되었을 때, 그것이 오히려 복음을 대적하는 방해물이 되었다.

또는 반대로, 그 당시에는 부정적이었던 전통이나 형식이 시간이 흐르고 문화가 바뀌면서 아무 문제가 안 될 수도 있다. '수건을 쓰지 않은 여자는 매춘부'라는 문화와 인식 아래서는 여자가 예배 때 수건을 씀으로 하나님께 대한 존중을 표현했다. '그렇지, 하나님 앞에서는 거룩하고 정숙해야지!' 수건이 영적 생활에 긍정적인 영향을 미쳤다. 수건을 볼 때마다 '거룩하고 정숙해야지!'라는 생각을 상기하게 되니까 말이다.

그런데 시대가 바뀌어서 아무도 수건을 쓰지 않는 시대가 되었다면 어떨까? 그런데도 여전히 예배 때는 수건을 쓰고 나온다면? 그러면 이 '수건 쓰는 전통'은 어떤 영적인 영향을 미칠까? 사람들은 그 사람을 보며 이렇게 생각할 것이다. '가만, 저 수건은 왜 쓰고 앉아 있는 거지?' 아무리 생각해봐도 모르겠다. '에이 몰라! 그냥 원래 예배 때는 쓰는 건가 보지 뭐. 안 쓰면 예배에 못 들어오게 하니까, 그냥 써!'

율법! 그렇다. 율법이 되어버린다. 영의 본질인 '하나님에 대한 존중과 거룩함'을 떠올리게 하는 것이 아니라, 형식에 집중하게 하고, 형식에 얽매이게 한다. 내용과 상관없이 형식을 지키는 것이 곧 신앙생활이라는 인식이 자리 잡게 된다. 그 결과 영적 생활이 율법이 되어버려 파괴된다. 이것이 바로 율법이고, 이것을 강화시키는 것이 '종교의 영'이다.

3. 종교의 영에서 깨어나라

종교, 종교의 영은 '명확한 이유 없이, 왜 하는지 모르고 행해지는 종교와 관련된 모든 행위들'이다. 주일에는 왜 예배를 드릴까? 십일조는 왜 드리나? 식사 기도는 당신에게 어떤 의미가 있는가? 크리스천이 술 담배를 하지 않는 이유는 무엇인가? 이 모든 것들을 행할 때, 당신에게 '명확한 영적 이유'가 있는가? 이유가 있다면 할렐루야지만, 만약 그렇지 않다면? 그냥 오랜 세월 하던 거니까 하고 있는 거라면? 아니면 다른 사람들도 다 하니까 그냥 하고 있는 거라면? 그렇다면 적어도 당신에게 그것은 '종교'다.

'종교의 영'을 한마디로 정의하면 '익숙해진 것'이다. 별로 깊게 생각하지 않고도 익숙해서 저절로 행하는 '종교적인 행위들'이다. 다른 말로는 매너리즘이다. 혹시 우리 안에도 그런 익숙함이 있지 않은가?

그런 의미에서 코로나19 사태는 많은 것을 다시 생각하게 한다. 당연하게 행해지던 예배, 소그룹 모임, 성도들의 교제 등이 전부 멈추고 나니, 우리가 행하던 많은 종교에 관련된 행동들을 다시 돌아보게 된다. '어? 이게 뭐지?' 하나하나 되돌아보고 생각해보게 되지 않는가? 주일예배, 금요예배, 소그룹 모임, 헌금, 성도들의 교제, 당연한 것이라 여기고 깊은 생각 없이 행하던 일들의 진짜 의미를 고민하게 된다.

코로나19 사태를 통해 성령께서 행하시는 일이라 믿는다. 익숙함에서 벗어나 그 의미들을 다시 한번 생각해보는 것! 종교의 영에서 우리를 깨우시는 성령님의 역사가 아닐까? 익숙하게 여기던 이 모든 것들이 우리 안에서 '새롭게 되기를' 기대한다. 예배 한 번을 드리더라도 매너리즘에 빠진 익숙한 마음이 아니라 새롭고 흥분되는 마음으로! 셀 모임 한 번을 하더라도 익숙함 속에 하던 대로 모이는 것이 아니라 첫 모임 같은 기대와 설렘으로! 이것이 성령 안에서 행해지는 일들이다. 성령께서 행하시는 일의 특징은 '아침마다 새롭고 늘 새로운 것'이다!

어떤 전통이 '종교'가 되느냐, 아니면 '영성을 담는 그릇'이 되느냐는, 개인적으로 그것을 매일매일 새롭게 행하느냐, 아니면 매너리즘 속에서 행하느냐에 따라 결정된다. 그렇기에 전통에 생명을 불어넣는 것은 그 전통을 대하는 우리의 마음이다. 종교의 영으로 행해지던 모든 잘못된 태도, 잘못된 관습들이 다 제거되길 축복한다.

4. 영원한 시간을 살아가는 영

'아침마다 새로운' 영의 속성은 '영원'과 연결되어 있다. 이 영의 속성이 없다면, 천국의 영원한 시간은 축복이 아니라 저주다. 영원한 시간의 지루함을 상상해보라. 오랜 세월 감옥에 갇혀 지내는 장기수들의 가장 큰 고통은 단조로움이다. 새로울 것 없이 반복되는 일상의 고통스러운 지루함 때문에 이들은 자살 충동마저 느낀다. 육으로 영원히 살지 못하도록 생명을 제한하신 것이 얼마나 큰 은혜인지! 만약 육으로 영원을 살아야 한다면 그것은 축복이 아니라 오히려 형벌일 것이다.

[창 3:22-24] 여호와 하나님이 이르시되 보라 이 사람이 선악

을 아는 일에 우리 중 하나 같이 되었으니 그가 그의 손을 들어 생명 나무 열매도 따먹고 영생할까 하노라 하시고 여호와 하나님이 에덴 동산에서 그를 내보내어 그의 근원이 된 땅을 갈게 하시니라 이같이 하나님이 그 사람을 쫓아내시고 에덴 동산 동쪽에 그룹들과 두루 도는 불 칼을 두어 생명 나무의 길을 지키게 하시니라

그러나 감사하게도 영의 속성은 '늘 새롭고 신선한 것'이다.

[애 3:23] 이것들이 아침마다 새로우니 주의 성실하심이 크시도소이다

이 영의 속성으로 인해 우리는 천국의 영원한 시간 속에서, 아침마다 새로움을 느끼는 축복을 누린다. 그렇기에 이 땅에서 영으로 살아가는 시간은 영원한 천국의 시간을 위한 준비 기간이다. 익숙하고 지루한 종교로 살아온 나머지 천국의 영원한 시간 앞에서 당황하지 않도록 하라!

5. 존중하고 사랑하는 가운데 하나 되라

[고전 11:16] 논쟁하려는 생각을 가진 자가 있을지라도 우리에

게나 하나님의 모든 교회에는 이런 관례가 없느니라

전통에 대한 바울의 마지막 가르침은 논쟁하거나 파당을 만들지 말라는 것이다. '지켜야 할 전통'과 '바꿔야 할 전통'은 민족, 세대, 공동체에 따라 모두 다르다. 그 전통을 어떻게 인식하느냐 하는 '문화'가 각각 다르기 때문이다. 고린도교회 안에 있던 유대인과 헬라인은 전혀 다른 문화를 가지고 있었고, 그 결과 전통을 대하는 태도도 달랐다. 그러나 바울은 '지켜야 할 전통'과 '바꿔야 할 전통'을 정확하게 분별하기 위해 논쟁하며 파당을 나누는 것보다, 서로 존중하고 사랑하는 가운데 양보하며 하나가 될 것을 권한다.

오늘날처럼 문화의 변화 속도가 빠른 시대는 나이에 따라 인식하고 느끼는 것이 극명하게 다르다. 쌍둥이도 세대 차이를 느낀다고 하는 시대다. 부모 세대가 느끼는 '좋은 전통'이 자녀 세대에게는 '이해할 수 없는 행위'로 보이고, 자녀 세대가 중요하다고 느끼는 전통들이 부모 세대에게는 '철없는 행동'처럼 보인다. 자칫 우리 시대는 부모와 자녀가 파당으로 나뉘는 비극의 시대가 될 수도 있다. 그렇기에 성경 말씀대로 존중과 사랑이 필요하다. 자녀 세대는 부모 세대를 존중하고, 부모 세대는 자녀 세대를 이해하는 사랑 말이다. 이것이 전통을 지키느냐 지키지 않느냐 하는 것보다 더욱 중요한 가치가 아닐까?

당신이 지켜야 할 전통과 버려야 할 전통은 무엇입니까? 새로움을 잃어버리고 익숙함으로 행하고 있는 전통이 있지는 않습니까? 새로움을 회복하십시오. 영은 아침마다 새로운 것입니다. 익숙함을 방치하지 마십시오. 종교의 누룩이 삶 전체에 퍼지는 것은 순식간입니다. 그런 의미에서 영적 전쟁은 '익숙함과의 싸움'입니다.

성만찬에 대한
올바른 이해와 믿음

고전 11:23-30

서른세 번째 원리는 성만찬이다. 바울은 성만찬이라는 '지켜야 할 전통'을 통해 전통 또는 의식을 종교가 아니라 영으로 대할 때, 어떤 역사가 일어나는지를 보여준다.

1. 모든 시대, 모든 세대가 지켜야 할 전통

형식을 지독하게 싫어하셨던 예수께서, 제자들에게 반드시 지키라고 명하신 두 가지 형식 중 하나가 '성만찬'이었다. 그리고 예수께서 지키라 명하신 또 하나의 형식이 침례(또는 세례)다. 성만찬은 모든 시대 모든 문화 속에서 지켜야 할 전통이다.

> [고전 11:26] 너희가 이 떡을 먹으며 이 잔을 마실 때마다 주의 죽으심을 그가 오실 때까지 전하는 것이니라

성만찬의 전통이 시대와 문화를 초월하는 이유는 '먹고 마시는 행위'의 의미와 상징이 시대와 문화에 따라 거의 변하지 않기 때문이다. 그렇기에 성만찬의 전통은 올바른 이해와 인식을 가지고 행할 때 시대를 불문하고 의미를 갖는다.

2. 성만찬의 의미 – 기념하라

[고전 11:24,25] 축사하시고 떼어 이르시되 이것은 너희를 위하는 내 몸이니 이것을 행하여 나를 기념하라 하시고 식후에 또한 그와 같이 잔을 가지시고 이르시되 이 잔은 내 피로 세운 새 언약이니 이것을 행하여 마실 때마다 나를 기념하라 하셨으니

성만찬의 진정한 의미는 무엇일까? 성만찬의 의미는 '기념하는 것'이다. '기념한다'는 것은 "기억하고 지킨다"는 의미인데, 고린도전서 11장에 의하면 성만찬은 두 가지를 기억하고 지키는 것이다. 첫째는 찢기신 몸, 즉 '십자가의 대속의 죽음과 구원하심'을 기억하는 것이고(고전 11:24), 둘째는 피로 세운 '새 언약'을 기억하는 것(고전 11:25)이다. 예레미야서 31장 31-34절에 의하면 '새 언약'은 하나님의 법을 마음에 두는 것, 즉 내주하시는 성령님에 대한 약속이다. 고린도후서 3장 6절은 새 언약에 대해 이렇게 이야기한다.

[고후 3:6] 그가 또한 우리를 새 언약의 일꾼 되기에 만족하게 하셨으니 율법 조문으로 하지 아니하고 오직 영으로 함이니 율법 조문은 죽이는 것이요 영은 살리는 것이니라

새 언약은 '살리는 영', 즉 성령님에 대한 약속이다. 성만찬을 통해 기억해야 할 것은, 첫째, 예수께서 행하신 구원 - 십자가의 죽으심과 죄사함이며, 둘째, 그로 인해 우리 안에 내주하시는 성령님이다. 떡을 떼어 먹을 때 '예수께서 육체를 찢기심으로 이루신 구원이 내게 임하는구나!'라고 기억하는 것이며, 잔을 마실 때 '예수의 생명 - 성령께서 내 안에 내주하시는구나!'라고 기억하라는 것이다. 기억할 뿐 아니라 주가 다시 오실 때까지 이 십자가와 내주하시는 성령의 진리를 지키고 전하라는 것이다.

3. 성만찬의 능력

성만찬은 올바른 인식 속에서 행해져야 한다.

[고전 11:27-29] 그러므로 누구든지 주의 떡이나 잔을 합당하지 않게 먹고 마시는 자는 주의 몸과 피에 대하여 죄를 짓는 것이니라 사람이 자기를 살피고 그 후에야 이 떡을 먹고 이 잔을 마실지니 주의 몸을 분별하지 못하고 먹고 마시는 자는 자기의 죄를 먹고 마시는 것이니라

바울은 올바른 인식 속에 행해지지 않는 의식은 '죄를 짓는 것'이라고 말한다. 그리고 이 '죄'에 이어지는 결과가 30절이다.

[고전 11:30] 그러므로 너희 중에 약한 자와 병든 자가 많고 잠
자는 자도 적지 아니하니

이 말씀을 읽을 때 정신이 번쩍 들었다. 무슨 뜻인가? 올바로 인식하지 않고 - 습관적으로든, 잘못된 의미로든 - 어쨌든 성만찬을 올바로 인식하지 못하고 행했기 때문에 그 결과 "너희 중에 약한 자와 병든 자가 많고 잠자는 자도 적지 않다"는 것이다! 바꿔 말하면, 성만찬을 올바로 행했다면 "너희는 약하지 않고 병들지 않고 잠자지도 않았을" 것이라는 말 아닌가! 고린도전서 11장 27-30절을 다시 읽어보라. 분명히 그 뜻이다.

(1) 영적인 전통

오늘날 우리 안에서 가장 쉽게 종교화된 것 중 하나가 성만찬이 아닌가 생각한다. 성만찬을 행할 때 그 안에 실제로 어떤 영적 능력이 있는지, 그것을 행할 때 우리 안에 성령께서 어떻게 움직이시는지 - 이런 것을 생각하지 않는다. 오랜 시간 목사로서 성만찬을 집행하면서도 그랬다. 영적인 일에 대한 기대 없이 그저 '의식'으로 행했다. 뭐 늘 해오던 거니까. 교회에서는 당연히 하는 거니까. 그런데 성경은 그렇게 이야기하지 않는다.

성만찬은 단순한 '종교의식'이 아니다. 형식과 율법을 싫어하셨던 예수께서 별다른 영적인 의미도 없는 '형식'을 주님이 다시 오실 때까지 지키라고 하셨을까? 그럴 리 없다! 성만찬에는 '회복'과 '치유'와 '영적 각성'의 능력이 있다! 약한 자를 강하게 하는 회복과 병든 자를 고치는 치유와 잠자는 자를 깨우는 영적 각성의 능력이 있다!

우리가 어떤 '인식'을 가지고 행하느냐에 따라, 어떤 믿음과 어떤 기대를 가지고 행하느냐에 따라 성만찬은 교회에서 행하는 '종교의식'이 될 수도 있고, 놀라운 영적 변화를 일으키는 '성령의 통로'가 될 수도 있다. 이 실제적인 능력을 믿는가? 믿어야 한다. 마태복음을 보라. 병든 자를 고치는 치유와 약한 자를 강하게 하는 회복과 잠자는 자를 깨우는 영적 각성이야말로 예수께서 행하셨던 사역이었다.

[마 4:23,24] 예수께서 온 갈릴리에 두루 다니사 그들의 회당에서 가르치시며 천국 복음을 전파하시며 백성 중의 모든 병과 모든 약한 것을 고치시니 그의 소문이 온 수리아에 퍼진지라 사람들이 모든 앓는 자 곧 각종 병에 걸려서 고통 당하는 자, 귀신 들린 자, 간질하는 자, 중풍병자들을 데려오니 그들을 고치시더라

성만찬은 예수께서 행하셨던 일 - 십자가를 통해 완성하시고, 성령님을 통해 행하셨던 치유와 회복과 각성의 사역을, 오늘 우리 삶 속에 재현하시는 영적인 통로다. 사탄은 이 놀라운 영적 비밀을 '종교화'시켜, 그저 익숙하게 행하는 종교의식으로 바꿔버리려 하지만, 그렇지 않다. 이 놀라운 영적 전통은 그것을 올바른 인식으로 행하고, 올바른 기대와 믿음으로 행하는 모든 자에게 종교가 아니라 '영'을 경험하게 하는 실체다. 병든 자를 고치시고, 약한 자를 회복하시고, 잠자는 자를 깨우셨던 예수님의 놀라운 사역이 성령을 통해 우리에게도 다시 경험되는 것이다. 언제? 성만찬이라는 영적인 전통을 올바른 믿음으로 대할 때! 성만찬의 이 영적 실체를 인식할 때!

(2) 성령의 통로

이것은 성만찬이라는 '행위'가 '마술적 효력'이 있다는 말이 아니다. 올바른 이해와 믿음으로 성만찬을 행할 때, 그 이해와 믿음이 우리의 영을 움직인다는 것이다. '맞아, 예수께서 죽으심으로 우리의 모든 저주를 담당하셨지! 맞아, 그분의 새 언약의 생명 - 성령께서 내 안에 계시지!' 성만찬을 행할 때, 이 이해와 믿음이 발동되어 영이 움직이는 것이다. 이것이 전통을 지키는 올바른 목적이다. 그렇게 할 때 영이 움직임으로 성령께서 행하시는 일 - 예수께서 행하셨던 일들이 우리 안에 경험된다.

이것은 비단 성만찬만의 이야기가 아니다. 예배도 마찬가지고, 헌금도 마찬가지고, 셀 모임도, 심지어 식사 기도도 마찬가지다. 종교의 탈을 벗고 영으로 움직이기 시작할 때, 의미도 모르고 기대도 없이 행해지는 수많은 종교 행위에서 벗어나 영으로 움직이기 시작할 때, 성령께서 역사하기 시작하신다!

영으로 움직인다는 것은 첫째, 믿음으로 움직이는 것이고, 둘째, 익숙함을 벗어나 기대와 소망으로 움직이는 것이며, 셋째, 하나님과 이웃에 대한 사랑으로 움직이는 것이다. 그럴 때, 이 전통들은, 매일 행하는 식사 기도조차 '아침마다 새롭고 늘 새롭다'고 고백하게 되는 놀라운 '영의 통로'가 된다.

우리 안에 모든 종교를 벗어버리자. 예배에 나오고, 셀 모임을 하고, 심지어 식사 기도를 하더라도, 그 안에 진심과 믿음을 담아서 하자. 그럴 때 그 모든 '의식들'이 정말 새로워질 것이다. 성령의 역사는 늘 새롭기 때문이다! 할렐루야!

오늘 누구를 만나는가? 익숙한 사람이라고? 아니, 익숙하지 않다. 성령께서는 만물을 새롭게 하시는 분이다. 성령 안에서 만날 때 그 만남은 새로운 만남이 될 것이다. 오늘 어떤 모임에 참석하는가? 20년째 섬기는 교회 예배에 참석한다고? 익숙한 예배라고? 아니, 익숙하지 않다. 모든 예배는 '신선한 기대' 속에 드려져야 한다. 성령께서는 당신의 예배를 '신선하게' 하실 것이다. 익숙함을 벗어버리라. 익숙함 속에는 '새 일'에 대한 기대가 없다. 만물을 새롭게 하실 하나님을 기대하라. 매일의 일상이 신선하고 새로운 시간이 되길 축복한다. 그것이 매일의 일상에서 카이로스의 시간을 사는 비밀이다.

4. 결어 : 일상을 구속하라

다윗의 시간, 다윗의 매일을 구성했던 일상의 시간들은 특별하고 판타스틱한 사건들의 연속이 아니었다. 다윗의 매일은 양들을 푸른 초장으로 데리고 다니며 먹이고, 사나운 짐승들로부터 보호하고, 털이 많이 자라면 깎아주고, 아프면 돌보는 - 목동이라면 당연히 해야 하는 지극히 일상적인 일들로 이루어졌다. 다윗의 위대함은 매일 골리앗을 때려잡는 특별한 삶을 살았기 때문이 아니라, 양들을 치는 매일의 일상을 '특별하게' 살았다는 점에 있다. 카이로스의 시간을 일상의 삶 속으로 가져온 것이다.

당신의 일상은 어떤가? 혹시 골리앗을 때려잡는 '한탕'만을 믿음이라 여기며, 매일의 일상 - 직장에서 일하고, 집에서 가족들을 돌보고, 교회에서 예배하고, 셀 모임에 참석하는 매일의 일상을 지루함과 진부함 속에서 그저 흘려보내고 있지는 않은가? 당신의 일상의 시간은 '그저 흘러가는 크로노스의 시간'인가, 아니면 '하나님이 지목하시는 카이로스의 시간'인가?

믿음은 뜬금없이 벌어지는 골리앗 때려잡기가 아니다. 매일의 일상을 '다윗의 시간'으로 만들라. 매일의 일상을 성령이 역사하시는 '특별한 순간'으로 만들라. 그것이 믿음이고 영성이다. 일상을 구속(redeem)하라. 당신의 일상이 진부함을 벗어나 신선함이 될 때, 당신의 일상의 시간이 다윗의 시간이 될 때, 골리앗을 대면하게 되는 그날, '골리앗의 시간'에 다윗의 시간의 진가를 보게 될 것이다. 당신이 던진 매일의 물맷돌이 골리앗을 쓰러뜨릴 테니까. 다윗의 시간을 살아가는 사람에게 골리앗의 시간은 위기가 아니다. 그 시간은 놀라운 카이로스의 순간이다.

*downloads from heaven

당신은 오늘 어떤 하루를 보내셨습니까? 그냥 그저 그렇게 보내셨다고요? 그것은 영의 일이 아닙니다. 우리의 일상은 '그저 그런 시간'이어서는 안 됩니다. 비록 매일 반복되는 일상이라 할지라도, 그곳에 성령께서 일하실 때 그 시간은 새롭고 설레는 시간이 됩니다. 맞습니다. 시간을 새롭고 설레게 하는 것은 그 시간 속에서 육체가 행하는 일이 아니라, 그 시간 속에 임재하시는 성령님이십니다. 주의 임재가 늘 당신과 함께하길 축복합니다.

매일매일 카이로스의
시간 속으로!

첫 설교 하던 날을 기억한다. 토요일에 한숨도 못 잤다. 두려움
과 떨림 속에 밤을 꼬박 새웠다. 어느덧 20년이 흘러 그런 토요
일을 1,040번 보냈다. 이제는 익숙하다. 두렵고 떨리던 심장의
쿵쾅거림도 어느 순간부터 조용해졌고, 주일 아침에도 숙면을
취한다. 그런데 어느 토요일 성령께서 문득 깨닫게 하셨다.

'어? 토요일의 두려움과 설렘은 어디 갔지?'

번개처럼 생각이 스쳤다.

'아, 나의 싸움은 20년이 지나도, 토요일 밤에 어떻게 심장
을 쿵쾅거리게 할 것인가의 싸움이구나! 나의 싸움은 토요일
에 벌어지는구나!'

당신의 싸움은 무엇인가? 당신의 싸움은 언제인가? 골리앗
이 나타날 때인가? 아니면 양을 치는 일상에서인가? 양 치는
매일의 일상에서 어떻게 '떨림과 흥분'을 유지할 것인가? 이것
이 영적 싸움이다.

영적 생명은 신선한 새로움에 있다!

어느 순간 너무 많은 것들이 '종교화'되었다. 성만찬을 비롯하여 교회 위원회 모임, 소그룹 모임, 주일예배에 이르기까지. 익숙함 속에 별 기대 없이 대한다. 그리고 그 기대 없음에 부응하듯, 성찬이나 주일예배에서 어떤 영적인 일도 일어나지 않는다. '종교의 영'이란 '진부함 - 매너리즘'의 다른 표현이다. 진부함과 익숙함은 영적 생명력을 앗아간다. 영적 생명은 '신선한 새로움' 속에 있기 때문이다. '에이, 어떻게 20년을 한결같이 새로움을 유지할 수 있어요? 불가능해요.' 정말 그렇게 생각하는가?

우리 부부는 결혼한 지 28년이 넘었다. 얼마 전 아내와 여행을 하면서 이런 이야기를 나눴다. "갓 결혼했을 때보다 지금이 훨씬 더 좋네!" 정말 그렇다. 28년간 매일 아침 아내의 얼굴을 보면서 일어났지만, 여전히 아내의 얼굴을 대할 때면 가슴이 설렌다. 오히려 함께한 28년의 시간으로 인해 더욱 마음이 따뜻하다. 하나 되는 부부의 신비가 무엇인지를 깨닫는다. 새롭다. 부부관계의 본질이 '영적 연합'이기 때문이다.

하나님과의 동행도 마찬가지다. 하나님과 동행한 지 35년이 넘었다. 그러나 지금도 나는 찬송가 310장 '아 하나님의 은혜로' 만 부르면 눈물이 난다. 정말이다. 얼마 전 금요철야 때도 설교 중에 이 찬송가를 한 곡 하고 계속하려다가 그만 눈물바다가 되어 설교를 끝내지 못했다. 나는 아직도 요한복음 3장 16절만 읽으면 눈물이 앞을 가린다. 나는 이성이 극도로 발달한 사람 이지 감정이 풍부한 사람이 아니다. 그런데도 내 안에는 처음 하나님을 만났을 때의 감격과 떨림이 고스란히 남아 있다.

당신은 카이로스 안에 있는가?

신선함! 이것이 다윗의 시간의 비밀이다. 당신의 기독교는 어 떤 기독교인가? 눈물과 설렘이 요동치는 영의 역사인가, 아니 면 진부하고 지루한, 그저 흘러가는 행사들인가? 당신의 기독 교는 카이로스 안에 있는가, 아니면 크로노스 안에 있는가? 당 신의 믿음은 뜬금없는 한탕을 기대하는 '골리앗 때려잡기'인 가, 아니면 매일의 일상을 구속하는 '다윗의 시간'인가?

영으로 산다는 것은 불치병이 치유되고, 기적적인 공급하심 을 받는 특별한 일들의 연속을 의미하는 것이 아니다. 영으로 사는 것은 매일의 평범한 일상을, 카이로스 안에서 특별하게 사는 것이다. 마치 처음인 것처럼!

　다윗이 처음 양을 치던 날을 상상해보라. 모든 것이 신기하고 설레는 일이었을 것이다. 양에게 먹이를 주는 것도, 양털을 깎는 것도 모두 신기하고 설렜다. 이 설렘을 20년, 30년 한결같이 유지하는 것이 다윗의 시간이다. 다윗은 카이로스 안에서 양을 쳤다. 다윗의 양들은 크로노스 안이 아니라 카이로스 안에 있었다. 그것이 수십 년이 지나도 신선한 설렘이 멈추지 않았던 이유다. 카이로스 안에서는 어떤 것도 부패하지 않고 신선하게 유지된다.

　당신의 '양들'을 카이로스 안에 두라. 당신의 일상 말이다. 크로노스의 흘러가는 시간 속에 당신의 일상을 두지 말라. 당신의 양들은 카이로스 안에 있어야 한다. 매일매일이 새롭고 흥분되는 카이로스의 시공간 안에! 그 안에 있을 때, 골리앗을 때려잡는 골리앗의 시간이 올 것이다.

카이로스 2 : 하나님의 타이밍

초판 1쇄 발행	2021년 2월 22일
초판 15쇄 발행	2025년 2월 14일

지은이 고성준

펴낸이 여진구
책임편집 안수경
편집 이영주 박소영 최현수 구주은 김도연 김아진 정아혜
책임디자인 마영애 | 노지현 조은혜 정은혜
홍보 · 외서 진효지
마케팅 김상순 강성민 마케팅지원 최영배 정나영
제작 조영석 허병용 경영지원 김혜경 김경희

303비전성경암송학교 유니게 과정
이슬비전도학교 / 303비전성경암송학교 / 303비전꿈나무장학회

펴낸곳 규장

주소 06770 서울시 서초구 매헌로 16길 20(양재2동) 규장선교센터
전화 02)578-0003 팩스 02)578-7332
이메일 kyujang0691@gmail.com 홈페이지 www.kyujang.com
페이스북 facebook.com/kyujangbook 인스타그램 instagram.com/kyujang_com
카카오스토리 story.kakao.com/kyujangbook
등록일 1978.8.14. 제1-22

ⓒ 저자와의 협약 아래 인지는 생략되었습니다.
이 출판물은 저작권법에 의해 보호를 받는 저작물이므로 무단 전재와 무단 복제를 할 수 없습니다.

책값 뒤표지에 있습니다.
ISBN 979-11-6504-185-4 03230

규 | 장 | 수 | 칙

1. 기도로 기획하고 기도로 제작한다.
2. 오직 그리스도의 성품을 사모하는 독자가 원하고 필요로 하는 책만을 출판한다.
3. 한 활자 한 문장에 온 정성을 쏟는다.
4. 성실과 정확을 생명으로 삼고 일한다.
5. 긍정적이며 적극적인 신앙과 신행일치에의 안내자의 사명을 다한다.
6. 충고와 조언을 항상 감사로 경청한다.
7. 지상목표는 문서선교에 있다.

하나님을 사랑하는 자 곧 그의 뜻대로 부르심을 입은 자들에게는 모든 것이 合力하여 善을 이루느니라(롬 8:28)

규장은 문서를 통해 복음전파와 신앙교육에 주력하는 국제적 출판사들의 협의체인 복음주의출판협회(E.C.P.A:Evangelical Christian Publishers Association)의 출판정신에 동참하는 회원(Associate Member)입니다.

Member of the Evangelical Christian Publishers Association